新雅教育系列

與孩同行
心理學家教你拆解
16個育兒挑戰

香港心理學會 輔導心理學部 著

新雅文化事業有限公司
www.sunya.com.hk

Foreword 1

The role of the parent is characterized by paradox.

On the one hand, the parent is at times held as the quintessential symbol of competence, authority, and masterful fruition of the human developmental process. After all, having themselves successfully navigated the perils and promises of childhood and adolescence, have not parents emerged victorious, to support and guide the next generation through the same journey? And by their very natures, do not children necessarily look to their wiser and more accomplished parents for 'answers', 'instructions', 'limits', and 'solutions'? And yet…

On the other hand, parenthood is rife with uncertainty, with anxiety, and with a seemingly endless series of encounters with all that one does NOT know, has NOT mastered, and with problems for which there are often no clear or conclusive solutions. Moreover, it does not take parents very long to discover that the very same children who naturally look to them for answers and solutions also possess an equally natural proclivity for questioning, challenging, doubting, and even outright rejecting those answers, once received.

Such contradictions could equal a hopelessly frustrating state of affairs if not for one point: this paradox itself encapsulates both the essence of the human condition and the orientation most suitable

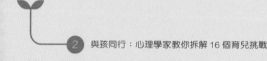

to the facing of the human condition. For it is our capacity to accommodate paradox with grace, patience, resolve, and resourceful flexibility that is a distinguishing mark of adulthood. We teach; and, in teaching, we learn. We guide; and, in guiding, we explore. We set effective limits for our children; and, in doing so, we construct the very foundations of their capacities to transcend and extend those limits.

The paradox of parenthood is this: at the very same time that one is a parent, one yet continues to be a child; a child who feels, who loves, and who vulnerably experiences life. Perceiving this truth, a parent recognizes that her task lies not only in parenting her children, but also in parenting herself: caring for the child who lives, always, within her own heart.

The essence of parenting is not in having all of the answers; it is in the willingness to take up responsibility despite knowing that one does not have all of the answers. This requires humility, compassion, and an intention to learn.

The pages that follow offer information, ideas, and perspectives that will support readers – with insight and compassion – in walking the challenging and rewarding journey of parenthood.

Dr. Nigel Thompson
Assistant Professor,
Department of Counselling and Psychology
Hong Kong Shue Yan University

推薦序 1 （翻譯：黃麒錄）

　　家長的角色充滿着矛盾。

　　一方面，家長有時被視為能力、權威和人類發展過程中的典範。畢竟，他們自己成功地渡過了童年和青春期的困難與應許，難道家長們不是憑着自身的勝利，來支持並引導下一代走過同樣的旅程嗎？

　　根據他們的天性，孩子們難度不會向比他們更聰明、更有成就的父母尋求「答案」、「指引」、「界限」和「解決方法」嗎？然而……

　　另一方面，為人父母充斥着不確定性、焦慮，以及一連串似乎無休止的遭遇，這些遭遇都是人們不知道、未掌握的，而且遇到的問題往往沒有明確或決定性的解決方法。此外，家長很快就會發現，那些天生喜歡向他們尋求答案和解決方法的孩子們同樣具有對這些答案提出質疑、挑戰、懷疑，甚至一接收就直接拒絕的傾向。

　　如果不是因為以下一點，這些矛盾將等同於一種絕望的困境：這種矛盾本身既涵蓋了人類存在的本質，又是面對人類存在最合適的取向。正因為我們能夠以寬容、耐心、堅定和足智多謀的靈活性來容納矛盾，這才讓我們能被稱為「成人」。我們教導，同時在教

導中學習；我們引導，同時在引導中探索。我們為孩子設定有效的界限，並且，在這樣做的過程中，我們為他們超越和拓展這些限制的能力奠定了基礎。

育兒的矛盾在於：在成為家長的同時，人仍是一個小孩；一個不斷去感受、去愛，同時脆弱地體驗生活的小孩。當領悟到這個真理，家長就會明白到，她／他的任務不僅在於養育孩子，還在於養育自己：照顧那個永遠存在於自己內心中的小孩。

育兒的真諦並不在於擁有所有答案；而是在於即使知道自己並非全知，仍勇於承擔責任。這需要的是謙卑、慈悲心和願意學習的心。

這本書接下來所提供的訊息、想法和觀點將支持讀者，帶着啟發和慈悲心，伴着讀者走過這充滿挑戰和收穫的育兒之旅。

湯念哲博士
(Dr. Nigel Thompson)
香港樹仁大學
輔導及心理學系
助理教授

推薦序 2

　　從著名精神分析學家 Donald Winnicott 的名句「世上沒有嬰兒這東西」(There is no such thing as a baby)，我們理解到孩子與其照顧者的心理本質上是連成一體，與生俱來就是一個相互影響的動態系統。

　　當父母的意識或心理上有變化時，如育兒概念的轉變、洞察力增強、敏感度提升，並配合較適切的育兒技巧和應對方法後，這些都為幼兒的身心發展和心理健康提供了重要的養分。這本書《與孩同行：心理學家教你拆解 16 個育兒挑戰》展現出科學普及和理論實踐的精神。

　　我相信這本書能夠改變某些讀者對育兒的概念、價值觀及策略。這本書的作者是香港心理學會輔導心理學部一羣專業及熱誠的心理學家。在文章裏，他們提出相關的理論，內容解釋得十分詳細，對

相關現象也描繪得活靈活現。每一章的撰寫及解說都符合實證為本的原則。期待每一位讀者都能透過當中的例子或個案，建立一種切身的聯繫。培育兒童的成長需要緊貼時代的轉變，深信這本書所提供的例子及指引充分反映了現代人遇到的育兒挑戰。我極力推薦這本書給所有家長、老師、幼兒工作者、學生及其他照顧者。

俞勵恆博士
(Dr. James Yu)
香港恒生大學心理學副教授
註冊臨牀心理學家

推薦序 3

多年前，在 6A 品格教育認證講師課程遇上香港心理學會輔導心理學部鍾主席 Sylvia，當年可謂惺惺相惜，我們都懷抱一個共同的使命——支援家長以正向管教模式培養子女擁有良好品格。

成績失誤不會令孩子一蹶不振，但當孩子的自尊心和自信心受打擊，若家長仍持續一味以指責、說教、諷刺和批評孩子，他們就會自暴自棄，影響一生。實際上，兒童在成長的各個階段會遇上困難和挑戰，孩子需要家長和老師們多方位的照顧及支援，但這些家長和前線教育工作者也需要支援呢！

《與孩同行：心理學家教你拆解 16 個育兒挑戰》這本書是運用心理學理論及實證為本，每篇常見的育兒挑戰都有不同的生活例子說明，將理論與生活例子結合，可謂「落地」易明，甚至圖文並茂，精簡有力。內容針對學前教育幼兒、低小及高小孩子普遍出現的挑戰行為，以具科學性及學術研究結論剖析背後「為何（Why）」的心理因素，最重要是提供了十分實用的「如何（How）」的處理方案以支援讀者與孩同行。

本書的特色是由心理學家們以多角度提出同理心和換位思考的方案，為讀者提供思考空間，引導讀者在面對孩子棘手的行為問題時，如何先以同理心觸摸孩子的心靈，讓孩子從大人的情感認同而得到尊重，後以有效溝通的方式與孩子對談，建立孩子的自信心、自愛、生活技能等。畢竟有效管教是建立在親密關係之上，而親密關係是建立在有效溝通之上。

筆者從事家長教育、老師及社工培訓工作多年，經驗所見在問答環節中與會者經常提出的問題幾乎都在本書中找到完整有效的處理方案，所以這本書不單是家長們的好書，甚至是從事幼兒及兒童成長發展工作者的工作指南，誠意推介！

凌葉麗嬋
香港有品運動發起人及機構總監

推薦序 **4**

作為一位前學校輔導主任、現任校牧，同時也是一位家長，我對香港心理學會輔導心理學部最新作品《與孩同行：心理學家教你拆解 16 個育兒挑戰》的出版感到非常欣喜。

在這個資訊爆炸的時代，關於家長教養的資訊琳瑯滿目，有時甚至令人眼花繚亂，家長們也因此感到困惑和無所適從。

《與孩同行》匯集了一眾註冊輔導心理學家的智慧，他們結合自己的專業理論、背景和豐富的臨牀經驗，全面探討了現代家長在幼兒及兒童成長過程中所面臨的各個範疇和主要問題。這本書不僅以豐富的實例為基礎，還結合了理論和實踐，為家長們提供了切實可行的解決方案，幫助他們更好地引導孩子面對成長中的挑戰。

我由衷希望這本書能夠成為香港，乃至其他華語地區的家庭、學校、教會和社區的一份寶貴資源。在這個瞬息萬變的世界中，家長們需要及時的提醒和鼓勵。

《與孩同行》將為家長提供有力的引導，讓他們能更自信地面對育兒挑戰。願這本書能成為每一個華語家庭的伙伴，為他們帶來幸福與和諧。

唐思偉博士
(Dr. Felix Tong)
香港專業家庭教育協會顧問
奧克蘭理工大學校牧

推薦序 5

　　《與孩同行：心理學家教你拆解 16 個育兒挑戰》是一本非常實用的書，尤其是對家長來說更是必讀。本書由香港心理學會輔導心理學部的輔導心理學家共同撰寫，以日常生活情景作為切入點，深入淺出地講解了 16 個幼兒及兒童成長發展的育兒挑戰。

　　本書分為四個主要篇章：學習支援篇、家庭成長篇、網絡世界篇和朋友社交篇，每一章都提供了專家分析、心理學理論及實用的介入手法，幫助家長更好地應對育兒過程中的挑戰。

　　在學習支援篇中，本書討論了孩子的學習動機，並提供了解決孩子缺乏學習動機的方法。在家庭成長篇中，本書介紹了正向管教的概念，幫助家長更好地與孩子溝通和建立良好的家庭關係。在網絡世界篇中，本書闡述了網路成癮的問題，並提供了幫助孩子建立多元化興趣的方法。在朋友社交篇中，本書探討了如何建立孩子的同理心和幫助孩子面對分離等問題。

本書的寫作風格生動活潑，易於理解。而且，本書的作者們都是香港心理學會輔導心理學部的輔導心理學家，他們的豐富經驗和專業知識提升了本書的內容，非常實用。對於那些正在為育兒過程中的挑戰而感到困惑的家長來說，這本書提供了實用的指南和建議，以幫助他們更好地應對各種挑戰。

總而言之，《與孩同行：心理學家教你拆解 16 個育兒挑戰》是一本非常值得推薦的書。對於家長、教育工作者、社工、輔導專業人士和所有關心孩子成長發展的人士來說，這本書是一份寶貴的資源。如果你正在為育兒過程中的挑戰而感到困惑，不妨閱讀這本書，相信你會從中獲得許多實用的育兒知識和技巧。

王柏豪博士
(Dr. Bernard Wong)
香港心理學會會長

目 錄

第 1 章　學習支援篇

第 2 章　家庭成長篇

第 3 章　網絡世界篇

第 4 章　朋友社交篇

給予孩子有效的陪伴

「哇哇哇……嘎嘎嘎……」在開始寫這篇文章的時候,我七個月大的女兒剛剛睡醒大哭尋找媽媽的陪伴。這讓我想到對很多人而言,陪伴是人生每個階段中重要的元素,特別是在我們年少的時候。長期缺乏陪伴會產生孤寂感;研究顯示,大量的孤寂感很多時候能引致不同的精神健康問題(陳秋媛,2020)。

「後疫情時代」的新生活

在過去數年間,全球正在經歷前所未有的新冠疫情,這場疫情對我們所有人的生活方式和習慣都產生了極大的影響,尤其是對孩子們的影響更為深遠。孩子們突然被迫停課、隔離和限制社交活動,這導致對兒童的精神健康狀況及其支援方式出現急劇的轉變,繼而對他們的日常生活和學習帶來了很大的挑戰。

不同研究均顯示,新冠疫情對兒童的心理健康和發展產生了負面影響,包括長期的社交隔離及孤寂感引致兒童有焦慮、抑鬱

及創傷後壓力症候羣、睡眠問題及飲食問題等徵狀（Loades et al, 2020）；同樣地，在疫情下家長的心理健康亦受到威脅，研究（Coyne et al., 2020）顯示家長亦有以上徵狀。

如社會學家 Eric Klinenberg（2018）的名著《沒有人是一座孤島》（*Palaces for the People*）指出，人類的生活需要不同形式的場地，例如音樂廳、圖書館、博物館、大學及公園等等，來支持我們陪伴與被陪伴的需要，否則不單單個人，以至整個社會均可能出現大問題，陪伴的角色在人類的生命當中猶如一艘船的錨那樣，是讓人精神穩定下來且不可或缺的存在。

陪伴品質遠勝於時間長短

雖然如此，但很多家長誤以為陪伴的時間需要很多才能減少孩子孤寂的感覺。研究卻告訴我們，陪伴時間的長短並不是左右兒童和青少年發展的因素。在 2015 年多倫多大學社會學家 Melissa Milkie 和她的團隊發布了一個關於母親陪伴時間與子女成長發展的關係的大型研究結果；當中指出對 3 至 11 歲的孩子來說，家長花

多少時間陪伴都不會影響他們的行為、情緒及學業發展。而對於青少年的影響也是十分輕微；取而代之，陪伴的質素比時間更重要，該研究釋述，如家長能提供高品質的陪伴，即使陪伴時間不長，也能營造出對孩子有正面影響的親子關係。

何謂高品質的陪伴呢？或許我們能在有關輔導的研究中得到些啓發。在輔導中，輔導人員會學習不同的介入手法以幫助受助者改變，但學者（Lambert 1992）在比較這些介入手法的功效時，卻發現真正能幫助到受助者的，只有少部分是因為個別介入手法的獨特之處，而較多原因反而是因為這些介入手法的共同因子，有關共同因子的詳細說明請參考刊於頁 20 的表 1，它們以「支持、學習和行動」分類。

細閱該表，我們不難發現如果能做到這些共同因子，將能幫助我們呈現高品質的陪伴。試想想，如輔導人員只是單單坐在輔導室自說自話，即使輔導人員長期陪伴在旁，相信受助者還是難以感受到這些能改變個人的共同因子。

確保全人心理健康的重要

這就是我十分希望推薦這本書的原因，昔日，兒童的學習及社交生活大多在學校中以實體方式進行，當中的資訊和情感交流都帶

有溫度而且有充分的立體感。家長和老師如想了解一名學童的情緒為何飽受困擾，只要細心留意其學校或家庭環境便能有跡可尋。然而，在疫情的衝擊下，學童小至幼兒期便已經需要學習以網上公民的身分在虛擬世界遊走，並且以與前人不同的嶄新方式與其他同輩們互動社交及完成功課。面對兒童急速變化的成長模式，家長和老師需要以更有效和高品質的方式陪伴策略，方能更全面地理解及管理現今兒童的行為，以保障其心理健康。

作為輔導心理學家，我們銳意以優勢為本的預防模式與家長和學童一起跨過這瞬息萬變的社會，因此，延續去年出版的《青春的歷練——20 個青少年成長的心理挑戰》的寫作方式，在這書中，一眾輔導心理學家會以專家親臨現場的方式，向讀者道出在不同育兒處境下（包括：第 1 章學習支援篇、第 2 章家庭成長篇、第 3 章網絡世界篇，以及第 4 章朋友社交篇）的陪伴方法，配合相關的心理學分析，以協助讀者了解這些處境背後的兒童的故事，並提供相關建議和支援，以幫助孩子更好地應對和成長。

介入手法中出現的共同因子		
支持	學習	行為調節
情緒釋放	意見	行為調節
對輔導人員的認同	情感體驗	認知掌握
減少隔離	同化問題的經驗	鼓勵面對恐懼
正向關係	認知學習	冒險
肯定	矯正情感體驗	把握努力
紓緩張力	回饋	模仿
結構	洞察力	練習
治療同盟	提供基本原理	測試現實
輔導人員與受助者的主動參與	探索內在參考框架	經歷成功
輔導人員的專業知識	改變對個人效能的期望	逐步解決問題
輔導人員的溫暖、尊重、同理心、接納和真誠	---	---
信任	---	---

表 1：介入手法中出現的共同因子 (Lambert & Ogles, 2004)

參考資料

- Coyne, L. W., Gould, E. R., Grimaldi, M., Wilson, K. G., Baffuto, G., Biglan, A., & Deacon, B. J. (2020). First things first: Parent psychological flexibility and self-compassion during COVID-19. *Behavior Analysis in Practice,* 14(4), 1092-1098.

- Klinenberg, E. (2018). *Palaces for the people: How social infrastructure can help fight inequality, polarization, and the decline of civic life.* USA: Crown.

- Lambert, M.J. (1992). *Psychotherapy outcome research: implications for integrative and eclectical therapists.* In Handbook of Psychotherapy Integration, ed. JC Norcross, MR Goldfield, pp. 94–129. New York: Basic Books

- Lambert, M.J., Ogles, B.M. (2004). *The efficacy and effectiveness of psychotherapy.* In Bergin and Garfield's Handbook of Psychotherapy and Behavior Change, ed. MJ Lambert, pp. 139–93. New York: Wiley

- Loades, M. E., Chatburn, E., Higson-Sweeney, N., Reynolds, S., Shafran, R., Brigden, A., ... & Crawley, E. (2020). Rapid systematic review: The impact of social isolation and loneliness on the mental health of children and adolescents in the context of COVID-19. *Journal of the American Academy of Child & Adolescent Psychiatry*, 59(11), 1218-1239.e3.

- Milkie, M., Nomaguchi, K. M., & Denny, K. E. (2015). Does the amount of time mothers spend with children or adolescents matter? *Journal of Marriage and Family*, 77(2), 355-372.

- 陳秋媛（2020）。〈孤寂感〉。載於香港心理學會輔導心理學部（主編），《做自己的情緒管理師》（頁 128-135）。萬里機構。

第 1 章

學習支援篇

不少家長曾抱怨孩子欠缺學習動機，總想要求孩子符合自己的期望。其實，學習路上，需要欣賞和鼓勵。欣賞孩子較過往所作的進步，鼓勵孩子勇於嘗試；避免將孩子與別人比較，有助提升孩子的學習動力。

關於學習動機這回事

> 「給我最大的快樂，不是已懂得知識，而是不斷的學習。」——高斯（德國數學家）

如著名數學家高斯所言，學習是一個快樂的過程。但對某一些人來說，學習是一種煎熬。從出生開始，由牙牙學語到認識自己的情緒及如何和別人溝通，乃至書本上的知識到如何面對逆境，都是學習的一部分。然而，什麼驅使人可以從學習的過程中獲得動力和滿足感，是心理學中常見的問題。

▶學習是人類必要階段

人類的發展和學習有着深刻的關係。人的大腦相比其他動物出生的時候更為簡單、更為脆弱；但卻帶來更大的可塑性。人可以透過學習成為獨一無二的個體。在自然界中，人亦是唯一會把知識有系統地整理、紀錄下來的物種。

正因如此，學習動機是心理學中一個歷久常新的題目。自1940年代開始，大部分的教育心理學者就開始研究人類的學習動

機和性格背景及成就的關係。經過數十年的發展，我們知道很多關於如何培養良好學習動機的因素以及方法。我們認為動機是一切行為的起點及原因。如果把人比喻成一輛車，動機就是燃料；沒有燃料的車固然不能到達目的地，即使有燃料，如沒有正確方向所引導的車，亦不能到達目的地。如何掌握動機形成的條件，維持良好的動機，設定目標是長久成功的關鍵。

▶樂在其中 VS 豐厚獎勵

以下是一則關於學習動機的故事：

有一個很喜歡彈琴的小孩，他每朝清晨都會在家中練習鋼琴。他的鄰居每一天都會給他一顆糖果作為獎勵。小孩很開心，因為他覺得他的鋼琴技術帶來了獎賞。

直至有一天，鄰居不再給他糖果了。然後，小孩也不再彈琴了。小孩的母親覺得很好奇，為什麼每天彈琴的小孩突然之間不再彈琴了。小孩回應說：「鄰居都不給我糖果，為什麼我要免費給他表演？」

要創造良好的學習條件，我們先要了解不同動機的分類。概括來說，動機可分為內在（Intrinsic）及外在（Extrinsic）兩大類別。以上這個故事，正正反映了兩種完全不同的學習動機；內在動機

是指對行為本身會產生興趣、好奇的正面動力，令人本身樂在其中、感到快樂，甚至在學習過程中得到滿足感。相反，外在動機則基於其他外來環境因素而衍生的動力，比如想獲得獎勵或逃避懲罰。

從故事可見，男孩一開始對於彈鋼琴的熱誠是出於內在動機。男孩從彈鋼琴中得到滿足感，所以每天堅持努力地練習。但後來鄰居的舉動令他的動機由內在轉向為外在。比起內在的滿足感，得到糖果的男孩更傾向於外在獎勵，而彈鋼琴這一件事亦慢慢由興趣變成了獲得糖果的手段。當獎勵消失時，男孩對於彈鋼琴的動力亦一併消失。

雖然在這一個故事中，外在動機看似會令人的興趣消失，不管是在現實中及學術研究中，外在動機亦有其獨特作用。比如當我們在處理一些刻板及重複的工作時，好像抄寫，外在動機更能使人有動力去完成；內在動機更適合一些需要思考以及創作的活動。但問題是當獎勵／懲罰（外在動機）消失後，人的動力亦會相應失去。

這故事值得讓我們反思，當我們鼓勵孩子學習的時候，我們是否不斷地把他們的內在動力一步步的外化，從而剝奪了孩子本身對學習的興趣。

▶影響學習動力的心態

動機固然是學習中重要的一環，但有一些人面對挫折或負面批評後一蹶不振，從此失去學習的興趣。Dweck（2006）在《心態》

（*Mindset*）一書中詳細剖析了這一個現象。

　　人大概可以分為兩大類，成長心態者（Growth Mindset），即是相信自己的智力是可以透過努力去提升的，而另一完全相反的是定型心態者（Fixed Mindset），他們認為智力是先天且不可能被改變的。

　　兩者在學習初期的表現並沒有分別，真正的分別在於他們面對挫敗時。定型心態者深信能力是天生的，並認為努力不能帶來什麼改變，所以當他們面對學習障礙時，比如考試不合格，他們會覺得是自己的能力不足，沒有這方面的才能，所以很多時候他們會選擇放棄；即使因為學校及家庭的壓力而參加補習班，亦會因為心態的影響而提不起勁，成績往往差強人意。久而久之，他們只會對自己擅長的東西感興趣，不敢去嘗試和挑戰自己。

　　相反，成長心態者面對挫敗時，則認為這只是暫時的失利，可以透過努力去提升能力，所以他們會主動尋找改善的機會。研究亦證明，成長心態者比定型心態者有更好的學習動機及成績(Liu, 2021)。但我們必須注意，擁有成長心態的學生並不是只有更努力，真正令他們成長的原因是他們面對逆境時，更有動力去尋求不同的方法去改善自己。

　　大多數人都同時擁有上述兩種的心態，只是比重不同而已，而這些心態都可以從小由家長和幼兒的互動中培養及改變。如果家長們平時只着重結果而忽略學習過程，甚至孩子在學習當中所付出的

第1章

努力，這會加強孩子的定型心態；相反，如果家長着重孩子在日常中互動開心的學習過程，而面對失敗時能欣賞他們的付出及鼓勵他們改善，則會提升他們的成長心態。

▶ 社交情緒能力的重要性

在孩子的生活中，社交情緒能力是一種會影響學習動機的重要因素。當兒童有負面情緒的時候，他們的學習動機都會受到一定的影響。

如果要確保孩子有自動自主享受學習的過程，社交情緒能力是一種需要及早培養的重要特質，這可以確保當孩子面對人際困難／負面情緒時，可以保持正面向上的心態。

在過去幾年，筆者嘗試在學校中實行動物輔助教育，目的是讓學童在輕鬆及正面的學習氣氛中學習社交情緒，在活動中，學童會在伴讀犬的陪同下閱讀。在旁觀察的老師都覺得很神奇，因為他們從來沒有見過這些小朋友如此努力地去學習。被訪談的學童均表示，因為有伴讀犬的陪伴，他們感到輕鬆，沒有壓力，而伴讀犬亦不會批評他們讀得好不好，所以他們更有興趣去了解繪本中的內容，嘗試克服平日在課堂上經歷的難題（Ngai et al., 2021）。

以上的實例反映出學童並不是不喜歡學習，只是日常的課堂氣氛令他們不能感受到學習的快樂。如能營造放鬆愉快的課堂氛圍，學童會更願意去處理學習的困難。

▶學習背後的壓力

當我們想去提升孩子的學習動機時，我們可以嘗試在孩子的角度思考問題。如果能設身處地在他們的角度去看學習這回事，很有可能會找到提升動力的方法。

認識新知識相信是大部分人都不會抗拒，但很多時候學習這一件事往往會和其他事情掛鈎，比如考試、懲罰、壓力等。這些事情都是會令人卻步於學習，失去動機。

正如高斯所言，學習會給人帶來快樂，但如果學習的成績和一個人的價值及懲罰掛鈎，相信即使是成人都可能沒有勇氣去突破自己。所以，當我們想了解學習動機時，我們更應該了解學習背後所賦予的意義。

參考資料

- Dweck, C. S. (2006). *Mindset: The new psychology of success*. Random House.

- Liu, W. C. (2021). Implicit Theories of Intelligence and Achievement Goals: A Look at Students' Intrinsic Motivation and Achievement in Mathematics [Original Research]. *Frontiers in Psychology*, 12. https://doi.org/10.3389/fpsyg.2021.593715

- Ngai, J. T. K., Yu, R. W. M., Chau, K. K. Y., & Wong, P. W. C. (2021). Effectiveness of a school-based programme of animal-assisted humane education in Hong Kong for the promotion of social and emotional learning: A quasi-experimental pilot study. *PLOS ONE*, 16(3), e0249033. https://doi.org/10.1371/journal.pone.0249033

1.1

孩子質疑上學沒用怎麼辦？

▶不想上學的樂兒

初小的時候，樂兒是個乖巧又積極的女孩。她的學業成績不錯，又熱衷於跳舞。樂兒的爸媽一直都以女兒為傲。可是，自升上小五後，樂兒的學業成績大大退步，亦經常欠交功課。老師更反映她的上課態度越來越散漫。最令爸媽擔心的是，小學呈分試將至，樂兒卻開始質疑上學的意義。以下是她與媽媽早前的對話：

「就這樣，她找到了屬於自己的人生意義，展開了新生活……好了，樂兒。明天要早起上學，快睡了。」媽媽合上故事書，溫柔地叮囑着。

「媽媽，我不想上學……」樂兒紅了眼眶的說道。

「怎麼又不想上學了？媽媽已買故事書給你，我們不是說好了要乖乖上學嗎？」再一次，媽媽被樂兒的消極態度弄得緊張起來。

「媽媽，為什麼一定要上學？」樂兒問道。

「因為你是學生，學生就有應盡的責任。要在呈分試考得好成績，才能升上好中學、大學。你將來才能找到自己想做的工作呀。」媽媽回應道。

「但有着太多功課了，我做不來！每天上學只是換來更多功課！而且，將來我只想跳舞。現在學校教的與跳舞根本無關呀！」樂兒控訴着。

「但在學校你可以認識新朋友呀，學習與人相處也是很重要的！」媽媽嘗試向樂兒解釋上學的好處。

「那我在舞蹈班也可交朋友呀。這樣我又可學習自己喜歡的，又能學習與人相處。我不想上學，上學根本沒用……」樂兒辯駁道。

「……不用多說了。你這個年紀就應該要上學。媽媽小時候也沒那麼多投訴的。好，快睡吧。」媽媽自知此非最合適的回應，但面對樂兒的質疑，一時語塞，只好指令式地將對話草草作結。

▶ 孩子學習動機低的常見成因

樂兒的困惑道出了不少香港孩童的心聲。在主流教育制度下，孩童質疑上學意義、學習動機變低等情況並非罕見。近年，有相關媒體向教育局取得官方數據，顯示小學生輟學個案由 2006/07 學年的 322 宗，躍升至 2015/16 學年的 668 宗，十個學年間升幅達一倍。在小學至初中的輟學個案總數中，小學輟學生佔比由 16.9% 上

升至 37.8%；初中輟學生則由 83.1% 跌至 62.2%，反映輟學生有年輕化趨勢（胡家欣及陳信熙，2018）。孩童忽視上學重要性的現象，有跡可尋。

　　一句「上學沒用」聽來簡單，埋藏的卻是孩子抗拒上學、學習動機低等問題。按心理學理論自我決定論（Self-Determination Theory, 簡稱 SDT）所指，個人是否具能力感、自主感及關係感，主宰其內在動機及自發行為（Deci & Ryan, 1985）。同樣地，孩子學習態度消極，源於對學校學習的心理需求未被滿足。在校得不到內心所渴望的，自然認為上學沒用。孩子學習動機低背後的心理需求及相關因素如下：

心理需求	常見孩子質疑或抱怨的說話	相關因素
能力感 （孩子有能力應付要求嗎？）	• 「太深／淺了，根本學不到東西！」 • 「功課太多了！我做不來！」	孩子學習、規劃學習的能力、學習內容深淺、學習量等
自主感 （孩子可參與學習決定嗎？）	• 「我想學的不是這些啦！」 • 「為何人人上學，我就要上學？」	學習自主度、孩子能否從學習中找到屬於自己的意義等
關係感 （孩子有良好關係嗎？）	• 「上學太沉悶了！」 • 「我不想見到他／上她的課！」	孩子的人際關係、對師長朋輩的喜好程度等

表 2：學習動機低背後的心理需求（整合自 Howard 等，2021 及 Cohen，2021）

孩子學習動機低的成因千絲萬縷，非單一因素足以解釋。除了上述內在因素，外在因素如家庭環境、成長經歷及管教方式等也不容忽視。家長亦需留意孩子是否出現身體不適、精神狀況或特殊學習需要等問題，全面了解孩子的需要。

建議良方

▶ 善用「心、理、學」回應孩子的質疑

十個孩子質疑上學沒用，背後或有十個各自不同的原因。原因不同，處理方法就自然不同。面對孩子的質疑和困惑，家長可參考以下步驟作出回應。

步驟 1： 耐「心」搜證

家長宜從多方面搜集資料，了解孩子質疑上學沒用背後的原因（參考表 2）。家長可先耐心引導孩子表達對上學猶疑的地方，藉此思考孩子內心對學習的期望及需求。同時，家長亦可積極與老師溝通，了解孩子在校時於學習、社交及情緒等方面有什麼值得關注的地方，例如：孩子在哪些課堂或時段的狀態較差？是否有被欺凌的情況？有否向老師說過什麼特別的說話？面對較嚴重的拒學行為，家長更要保持冷靜，細心分析孩子行為的前因後果，例如：孩子是否欠缺某些學習或社交技能？是否以拒學來逃避某老師、課堂

或任務？拒學後可得到什麼，比如玩樂時間，甚或在家與父母相處的時間？

留心：家長切忌過早下判斷，多角度了解孩子的需要後，才能對症下藥。

參考回應
樂兒：「媽媽，我明天不想上學，上學根本沒用⋯⋯」
媽媽：「怎麼了？可以告訴媽媽多一點嗎？」
樂兒：「沒有，總之就不想上學。」
媽媽：「你想一想，是什麼時候開始變得不想上學的？」
樂兒：「升上小五就不想了！」
媽媽：「嗯，升小五後，你認為有什麼不一樣了？」
樂兒：「功課更多了，我做不完又交不了，那我幹嘛上學？」

步驟 2： 「理」順情緒 引導解難

家長宜先以同理心接納及反映孩子對上學的負面情緒，如焦慮、無力或憤怒等，避免即時與孩子展開上學是否有用的哲學式辯論。當孩子感受到父母願意了解自己的需要時，他們才願意敞開心扉，訴說內心的想法。了解孩子所面對的問題後，家長可對準孩子的心理需求，引導孩子設定目標，並構思解難策略。

參考回應
重點：家長宜耐心疏導孩子的負面情緒，並逐步引導孩子處理問題。
媽媽：「媽媽明白你感受到壓力，功課多得做不完，不知怎辦。」（反映感受）
樂兒：「對，我現在更沒有時間跳舞了。」
媽媽：「嗯，連自己最喜歡做的事情也沒時間做，一定很難受了。」（反映感受）
媽媽：「我們可一起想辦法！樂兒，不如你想一想，你希望現在有什麼改變？」（引導思考目標）
樂兒：「我希望有更多時間練舞。」
媽媽：「嗯，練舞時間，這也是重要的（給予接納與肯定）。那剛才我們提到的功課呢？」
樂兒：「我希望功課可以少一點！」
媽媽：「嗯。媽媽明白做功課真的很辛苦。不過，功課量不是我們可以輕易控制的。可是，我們卻可以控制如何分配好時間做功課及跳舞。」（設定目標，增強能力感）

　　當了解孩子的困難後，家長宜引導孩子構思解難策略。若孩子未能提出具體方法，家長可考慮直接提出建議，再引導孩子思考其可行性。以樂兒為例，學懂解難方法有助她建立因功課太多而缺乏的能力感。

參考回應
媽媽：「你認為有什麼方法可以更好地讓你分配時間？」
樂兒：「我不知道。」
媽媽：「我們可試試把這星期需要完成的任務逐一列出，再寫上限期。然後，按其重要性編排完成順序，我們亦可訂立時間表……你認為可行嗎？……我們又可以如何實行？」

⚙️步驟 3： 讓孩子自主「學」習

支持自主學習的環境能提升學習動機。若家長能了解孩子的想法，並適時給予機會讓孩子為學習作決定，如選擇學習方法、設定學習計劃等，孩子的動機會更強 (Ryan & Deci, 2017)。而自主學習亦涉及孩子是否能在目前的學習任務中找到屬於自己的意義。要令孩子達到「因為學習對我重要，所以我選擇學習」之境界，家長宜先投其所好，引導孩子學懂將上學學習連繫至自己內心所重視的，逐步協助其建立上學的意義。

參考回應
樂兒：「媽媽，我將來只想做舞蹈員，現在學校教的與跳舞根本無關，為何我仍要上學？」
媽媽：「樂兒，你想做一個怎樣的舞蹈員？」
樂兒：「我在網上看到很多外國舞蹈員表演得很出色！我也想去外國表演，跳得像她們一樣！」
媽媽：「聽起來不錯呀！那你想與她們做朋友，交流舞蹈心得嗎？」
樂兒：「想呀！」
媽媽：「那麼，你要把英文學好呀，這樣你才能與外國的舞蹈員交流。現在學習多點知識，鍛煉一下大腦，將來就更容易學習你想學的東西了！就像用豬仔錢罌儲錢一樣，積少成多！」 （引導孩子意識到上學學習與其志願的連繫）

家長不一定以孩子的志願作引導，若孩子常說：「我長大後要結識個漂亮女朋友／男朋友！」，家長亦可巧妙地回應：「那讀好書，令自己更有才華也是吸引女孩子／男孩子的優勢呀！」

然而，孩子未必能夠將目光放遠到將來，他們或許只關注眼前的處境。家長亦不必勉強繼續以上學的長遠益處作引導，反可換個方法，讓孩子先明白上學學習與短期好處的因果關係，逐步協助孩子建立上學的意義（Sippl, 2023）。例如：家長可回應：「嗯！我看到你懂得如何完成這道題目／這份功課，相信是因為你有上學、有留心上課。好啦，媽媽就獎勵你十分鐘的看電視時間啦！」（宜配合事前訂立的獎勵計劃）

其實，孩子對上學意義的質疑，也是家長反思的好時機。主流學習模式固然有其價值，但此種模式又是否能完全適用於每一位孩子身上呢？每位孩子的性情、學習風格、強弱項及興趣都各有不同。按孩子的個別需要探索合適的教育方法，才是讓孩子快樂成長的不二法門。

參考資料

- Cohen, D. (2021, October 21). *Does Your Child Lack Motivation?* Child Mind Institute. https://childmind.org/article/does-your-child-lack-motivation/

- Deci, E. L., & Ryan, R. M. (1985). *Intrinsic Motivation and Self-Determination in Human Behaviour*. Plenum.

- Howard, J. L., Bureau, J., Guay, F., Chong, J. X., & Ryan, R. M. (2021). Student motivation and associated outcomes: A meta-analysis from self-determination theory. *Perspectives on Psychological Science*, 16(6), 1300-1323.

- Ryan, R. M., & Deci, E. L. (2017). *Self-determination theory: Basic psychological needs in motivation, development, and wellness*. Guilford Press.

- Sippl, A. (2023). *"School Is Pointless!" A Parent's Guide To Low Academic Motivation*. Life Skills Advocate, LLC. https://lifeskillsadvocate.com/blog/parents-guide-to-low-academic-motivation/

- 胡家欣 陳信熙（2018 年 3 月 14 日）。〈【輟學兒童】獨家：小學個案十年倍增 學者：不適應學制童漸多〉。檢閱於《香港 01》：https://www.hk01.com/ 社會新聞 /165884/ 輟學兒童 - 獨家 - 小學個案十年倍增 - 學者 - 不適應學制童漸多。

孩子多大才參加興趣班？
是否參加越多越好？

 個案分享 ·······

▶ **小昇每上興趣班就大吵大鬧**

以下是在一個媽媽 WhatsApp 羣組裏看到的資訊：

「Jayden 今天完成了劍橋英語課程！」 （Jayden，4 歲）

「思思在校內獲選彈校歌！」 （思思，4 歲）

Jasmine 媽媽上載了一張她女兒獲數學比賽亞軍的照片。

（Jasmine，5 歲）

然後，晴晴媽媽上載了她女兒的數個獎盃，有朗誦、說故事、跳舞等獎項。 （晴晴，6 歲）

小昇今年兩歲，媽媽看到 WhatsApp 羣組，內心很着急，覺得要加緊腳步訓練孩子，於是帶小昇參加一個「分離班」的英語課程。可是，小昇在課室裏大吵大鬧，即使媽媽在課室外等待，他仍要和媽媽一起，無法「分離」，老師沒有辦法，唯有叫他們下次再試。可是第二次、第三次仍是這樣，中心寧願退款也要請他們離開。

媽媽心裏很焦急，其他小朋友已經開始各式各樣的活動，可是

小昇仍未能獨自上興趣班。她很害怕小昇未來會沒有才藝,影響升學,又很羨慕其他小朋友年紀小小就獲得如此多的獎項。她不知該怎麼辦才好。

一般而言,香港的孩子除了讀書,還把部分時間投入在興趣班,香港浸會大學(2014)發現兒童每星期參加課外活動的數目平均為 3.5 項,最多為 11 項;每星期所花時間平均為 7 小時,最多為 26 小時。在這種氛圍下,參加興趣班似乎成為了日常。然而,不少父母亦因此而頭痛,有些甚至因興趣班而犧牲了孩子學習、玩樂和休息的時間,令父母和孩子也感到辛苦。

以下是一些關於興趣班的常見迷思:

- 「孩子多大才要參加興趣班?是否參加越多越好?」
- 「我的孩子參加興趣班一段時間,但好像進度緩慢,應否繼續?」
- 「我應該怎樣為孩子選擇合適的興趣班?」
- 「他上了數堂便說沒興趣,我應該強迫他完成餘下的課堂嗎?」
- 「我希望他學一項技能,例如游泳,他卻不願意學,我應該怎樣做?」

如果你有以上疑問,不妨看看以下分析。

心理學分析

▶ 選擇適齡和適量的興趣班

選擇適齡的興趣班，孩子能吸收的能力會事半功倍。根據著名心理學家皮亞傑的兒童認知發展理論的階段（Piaget, 1936），我們大致可以按以下階段，為孩子選擇合適的興趣班。

發展階段	年齡	特點
感覺動作期 （Sensory Motor Stage）	0-2 歲	憑着感官，探索外界事物，獲取知識。
前運思期 （Preoperational Stage）	2-7 歲	能用語言表達概念，但有自我中心的傾向；尚未能作出合乎邏輯的思考，不能見及事物的全面。
具體運思期 （Concrete Operational Stage）	7-11 歲	對具體存在的事物進行邏輯思考；能依靠具體經驗解決問題。

表 3：皮亞傑認知發展理論的階段（Piaget, 1936）

2 歲以下（感覺動作期）： 數量不宜多　着重感官互動

在這個階段說「興趣班」似乎太早了，說是參加「探索活動」更為合適。由於這時期孩子的各種感官仍在萌芽階段，所以在家與成人玩玩感官玩具、模仿動作、以及聽聽音樂，已經是很足夠的探

索活動。另外，多在戶外行走，例如踩踩草地和沙灘、溜滑梯等都是很好的體驗。若是參加活動，則可以選擇以玩樂為主的遊戲小組（Playgroup）或感官遊戲（Messy Play），對孩子來說是不錯的選擇。

家長請盡量與幼兒一同參與活動，因幼兒在這個時期容易產生分離焦慮（Bowlby, 1969），一旦照顧者不在身邊，幼兒不但沒有心情探索，更有機會影響心理健康。

2-7 歲（前運思期）： 多方面探索孩子的興趣和潛能

這個時期的孩子已慢慢掌握各項活動及表達能力，可以嘗試各種各樣的興趣活動。家長在此時期不必急於要求孩子在某個領域有傑出的成就，反而可以按着孩子的潛質及喜好，嘗試不同的興趣。在輕鬆的環境下，孩子可以在眾多活動中慢慢地展示自己的強弱項，從而漸漸找出自己真正的興趣所在。過程中，難免會出現半途而廢的情況，家長不宜勉強，若一直迫着孩子學習一些他不喜歡的事情，學不好之餘，甚至影響身心健康。

這裏說的「多」，是指「多樣化」而非「數量多」。事實上，這個時期的孩子，除了學習以外，最重要的是自由玩樂和休息時間（Ginsburg et. al, 2007）。因此，參加興趣班要量力而為，在確保孩子有足夠的休息情況下，選擇「多樣化」的活動才不會本末倒置。

7-11 歲： 興趣以外　亦要培養耐性重質不重量

這時孩子已對自己的喜惡有想法，亦開始展現個人特質與專長，接下來就要選擇一些他感興趣的，以便繼續學習。而這階段也是常出現困難和想放棄的樽頸時刻。例如：學樂器的需要努力練習，學體育的需要勤加鍛煉，這些都不能只靠興趣，更需要毅力和耐性。因此，父母應鼓勵孩子訂立目標，並欣賞他們的堅持。若是各種原因需要放棄，也可以告訴孩子：「不要緊，哪一天你想再嘗試，爸爸媽媽一定會支持你！」

隨着孩子的技術有所提升，少不免會參加一些表演或比賽，這時候我們和孩子都應學懂享受過程而非結果。若太着重輸贏，孩子便很難再繼續享受這些興趣帶來的樂趣了。

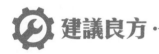 建議良方

建議 1： 學習堅持但不可強迫

一般來說，年紀較小的幼兒，比較難堅持一些不感興趣的事，若強迫的話，恐怕會令他對該事情感到厭惡，往後要他再參加便更難了。

若年紀稍長的孩子，便可以鼓勵他再堅持一下，但切記不可強迫。更好的做法，應是在報讀興趣班前約法三章，選擇孩子感興趣

的項目，並由孩子親自承諾會盡力完成課程，從而培養他們的責任感。

⚙ 建議 2： 提高孩子的動力

學習技能需要動力，家長可以運用本章「專家分析」提到的內在及外在動機，成為孩子學習的動力之一（Ryan & Deci, 2000）。若是短期內可學會的技能，可以試試以獎勵作為外在動機，例如：完成八堂的游泳課程，便讓孩子獲得喜歡的東西作獎勵。

若是需要長期鍛煉的技能，則需激發孩子的內在動機。例如，希望他學成一種樂器，不妨帶他多聽聽音樂會，看看他對哪種樂器較感興趣；若聽到孩子說：「我想學某種樂器！」這便是他的內在動機了，這種動機比外在動機更持久，也更能帶領他克服過程中遇到的困難（Lennertz, 2011）。

▶ 給小昇媽媽的話

小昇雖已兩歲，但似乎仍未準備好獨立上興趣班，勉強的話，不但令他沒法學習且浪費金錢，更可能產生不愉快經歷，將來要獨自上課就更難了！因此，媽媽可以考慮參加漸進分離的遊戲小組，一開始有媽媽在現場陪同，待數堂孩子適應後便坐在課室外等待。媽媽應注意每個孩子的性格皆迥異，較敏感的孩子可能比其他孩子較慢獨立，所以不宜操之過急。若發現自己經常因為看到媽媽羣組

裏的資訊而不安，常把自己孩子與他人比較，可能需要暫停一段時間。好好欣賞自己孩子的優點，並相信每個孩子都有自己的步伐，或快或慢，孩子準備好時，自然會讓你知道的。

給天下父母的話

小美很小就開始學琴，到中三已考到英國皇家音樂學院八級水平，當時很多同學羨慕不已，覺得她很厲害。可是，小美長大以後卻從不彈琴。她說，學琴的過程很痛苦，她只是跟隨父母的意願，所以考到八級便功德圓滿，她再也不想再碰鋼琴了。

小強從小並未正式學過任何樂器。讀中學時，他認識了一班組樂隊的朋友，才開始彈電子琴和結他。他慢慢地學會了許多即興的彈奏技巧，更開始作曲。過程中，他學會用音樂與人溝通和聯繫。最後他考到了音樂治療師碩士課程，真正的把興趣發展成事業。今時今日，這個音樂達人，仍常常以自己是「零級鋼琴」來自嘲，卻令人佩服。

看到這兩位朋友的經歷，常讓我疑惑，我們讓孩子參加興趣班，有多少是父母的興趣？又有多少是孩子的真正興趣呢？培養興趣的目標是為證書？陶冶性情？還是希望培育將來的藝術家呢？每個家庭的考慮都不同，但值得深思。

參考資料

- Bowlby, J. (1969). *Attachment and Loss, Vol. 1: Attachment*. Basic Books.

- Ginsburg, K. R. (2007). The Importance of Play in Promoting Healthy Child Development and Maintaining Strong Parent-Child Bonds. *American Academy of Pediatrics, 119* (1), 182–191. doi:10.1542/peds.2006-2697

- Lennertz, L. (2011). Internal Motivation. In S. Goldstein, J.A. Naglieri (Eds), *Encyclopedia of Child Behavior and Development*. Springer. https://doi.org/10.1007/978-0-387-79061-9_1527

- Piaget, J. (1936). *Origins of intelligence in the child*. Routledge & Kegan Paul.

- Ryan, R. M., & Deci, E. L. (2000). Intrinsic and Extrinsic Motivations: Classic Definitions and New Directions. *Contemporary Educational Psychology*, 25, 54–67.

- 香港浸會大學國際學院傳理研究社（2014 年 5 月 2 日）。〈浸大調查：近 5 成家長因互相比較子女課外活動感壓力〉網址：https://www.cie.hkbu.edu.hk/main/tc/college_news/college_news/63

1.3

孩子抗拒回校上課，
家長怎麼辦？

 個案分享

▶抗拒上學的美欣

美欣是一位聰明活潑，天真可愛的小女孩。在家很得父母的歡心，亦是公公婆婆愛錫的孫女。由於父母經常忙工作，所以他們對美欣的要求多數盡量滿足和配合，不想令她不開心。悠長的暑假過後，美欣便升上小一了。爸爸媽媽對此表現得很雀躍，替美欣準備了新書包、文具和皮鞋；可是美欣並沒有太期待升小學，因為她聽表姐說小學的老師很嚴苛，每星期也要默書，校園不及幼稚園般那麼多玩具。

為見證美欣第一天上小學的情境，爸爸特意早起陪伴她上學。一路上，美欣緊緊地拖着爸爸的手說不想上學，希望和爸爸一起到公園玩。爸爸一邊行一邊解釋為何不可以去玩，對美欣緊張的情緒不以為意。而美欣對爸爸的解說也沒有聽進入耳，在學校門外堅持不想進入校園。這時，站在校門迎接學童回校的校長和老師見狀，便上前善意地邀請美欣入內。可是美欣不顧，還緊緊地抱着爸爸的

腳不願內進。爸爸顯得有點不知所措，感到尷尬之餘，亦覺不悅；認為美欣很不合作和沒有禮貌。於是他便強行抱了美欣進入校園，這時美欣當然大哭大鬧，嚷着要求爸爸不要離開。

爸爸看見老師拖着嚎哭的美欣走着，一方面擔心她的情緒，另一方面又害怕老師未必能處理得好，所以站在學校門口觀察着美欣的情況，準備隨時支援。可是，當美欣見到爸爸的身影時，哭得更厲害，還想衝出去找爸爸。爸爸唯有躲起來偷看，心裏很是擔心，亦大惑不解，為何美欣會如此抗拒上小學呢？

▶為什麼孩子會抗拒上學？

孩子抗拒上學的情況，大致可分為兩種：「不敢上學」和「不想上學」（劉仲彬，2018）。「不敢上學」的原因可以是害怕陌生環境、年紀小的可能是「分離焦慮」；又或在長假期過後，要重新適應校園生活，學童或會顯得焦慮和緊張。可是，如果孩子突然抗拒上學，家長便要了解箇中原因。家長可以嘗試了解孩子是否對學校的某些人物或事件產生恐懼，幫助孩子去了解恐懼的源頭有助解決「不敢上學」的問題。

「不想上學」的原因相比起「不敢上學」的更為廣泛，其因由除了是害怕以外，學童也可能是對學習失去興趣，對課堂感到無聊，或對於朋輩關係感到厭惡或無力等。處理欠缺動力的問題更為複雜

和需時較長，亦可能和家長的管教模式有關。若果家長擔心學童不想上學的原因是與欠缺動力有關，家長可主動聯絡老師或學校社工跟進了解。

 **應對方法**

參考 Axline（2011）和 Sommers-Flanagan & Sommers-Flanagan（2015），家長可以嘗試用以下方法處理孩子抗拒上學的不安情緒：

方法 1： 多注意孩子的情緒及行為

家長可以留意孩子是否有負面情緒及行為的出現，如孩子顯得悶悶不樂，又或因小事而發脾氣和大哭等，家長宜即時反映孩子當刻的情緒和行為。在個案中，爸爸感到美欣緊緊的握着自己的手時，可以對她說：「你好像有點緊張，手握得那麼緊。」家長這樣做可以提升孩子對自身行為和情感的察覺力，給予他們空間去想想其行為背後的原因。家長切忌直接指責孩子有負面的情緒和行為，因為這樣做無助建立他們的自信，甚至會令他們不敢表達情感需要。

方法 2： 多聆聽孩子的心聲

當孩子向家長表達他們的情感和需要時，家長除了耐心聆聽外，還切忌否定或評價他們的感受。例如：「用不着這樣緊張吧（使

乜咁緊張吖？！）」、「這麼沒用（咁冇用㗎你，上學也害怕，返學都驚一餐？！）」家長這樣說會令孩子不接受自己某些負面的感受，無形中把它抑壓。然而，被抑壓了的感受並不會消失，反而像隱藏了的計時炸彈一樣，有可能在某些時候或情況下用另一方式呈現出來。

情境：因小事而發脾氣或無故哭泣等。

應對：家長除了聆聽孩子的心聲之外，還可以嘗試學習肯定孩子的感受，並與他們一起探討應對的方法。

回應：在個案中，爸爸可以對美欣緊張的情緒說：「我明白第一天上學是會有點緊張的，因為會遇到很多不認識的新老師和同學。不如我們想想當見到新老師和同學時可以怎樣做呀！」

重點：只有確認和肯定孩子的感受才能令他們勇於表達和面對，減低他們抑壓情緒的機會和隨之而來的後果。

⊘方法3： 協助孩子面對困難

肯定孩子的感受有助增強他們的自信。因為感受本身是一些自然的心理反應，沒有對錯之分。家長確認孩子的感受，即肯定了他們對事物有基本的心理反應的能力。相反，如果家長時常否定孩子的感受，即意味否定了他們這些基本的能力，那孩子又怎能相信自己呢？

所以，肯定孩子的感受有助他們建立自信。怎樣處理感受才是家長需要協助孩子學習的環節。例如，我們不能因為某些情緒而做一些傷害自己或影響他人的行為。在個案裏，縱然孩子有緊張的情緒，但亦不能逃避上學。所以，在肯定美欣的感受以後，可以和她一起探討如何處理情緒問題亦是一個重要的環節。

在處理小學生個案的經歷中給我的啓示是，大多數同學也知道應如何處理他們面對的問題，他們欠缺的只是一份肯定和別人的明白。所以，當我們能對孩子的感受表現理解和明白，再問他們想怎樣處理時，他們很多時也能道出答案來。而且他們解決情緒問題的方法比起大人往往更具創意和出人意表的呢。大家不妨試試！

參考資料

● Axline, V. M. (2011). *Play Therapy – The Inner Dynamics of Childhood*. Read Books.

● Sommers-Flanagan, J. & Sommers-Flanagan, R. (2015). *Tough Kids Cool Counselling – User-friendly approaches with challenging youth*. Jonh Wiley & Sons Inc.

● 劉仲彬（2018 年 12 月 5 日）。〈孩子為何不想上學？心理師的腦中小劇場：大人請替換成「上班」幫助理解〉。《親子天下》。https://www.parenting.com.tw/article/5078518

1.4

上小學了，
家人何時不用再跟功課？

▶需要媽媽陪做功課的希希

　　從希希還在幼稚園的時候，媽媽就會陪伴他一起做功課。每當希希遇到不懂的地方，媽媽都會細心指導他。在希希剛升上小學一年級時，功課變得更加困難，而他亦更需要媽媽的幫助才能完成。漸漸地，希希對做功課的動力越來越低，除非媽媽陪伴在側逐題指導，否則他無辦法自己完成功課。

　　媽媽察覺到這個情況，嘗試鼓勵希希自己試着做，想讓他知道自己是有能力的。可是，每當沒有媽媽的指導，希希立即表示不明白，不知道怎麼做，直至媽媽給予指示，希希才能一步一步地完成。媽媽擔心若不給予指導，希希就無法完成功課，故此一直陪伴在側。

▶ 用獎勵也提不起學習動機

到小學二年級時，功課比一年級艱深了，希希越來越不情願做功課。雖然課堂上希希能夠明白內容，但老師們也意識到希希的學習動機較低，他曾表示不喜歡做功課和溫習。回到家後，希希一定要媽媽陪伴才開始做功課，媽媽回家前，他就只顧玩耍。媽媽與其他家長分享，雖然大部分家長仍然要跟進子女的功課，有部分同學漸漸可以獨自做功課，父母只要檢查，或者適度的提示就可以，似乎希希比他的同學較為依賴，態度學習也較消極。媽媽曾嘗試用獎勵來鼓勵希希做功課，但他似乎對獎勵興趣不大，堅持要等媽媽指導才開始做功課。媽媽無奈繼續陪伴。同時，媽媽也不理解為什麼希希在學校明明有能力理解，卻不願意自己完成功課。她擔心不知道要跟孩子功課到何時。

▶ 學習就是苦差？

相信大部分孩子都不太喜歡做功課，有些比較聰明的學生甚至會質疑學習的意義，認為所學的東西與實際生活無關，因而對學習不感興趣。孩子之所以抱有這種消極的心態，背後必定有其原因，可能是累積太多挫敗，或因競爭而感到壓力及焦慮。曾經有同學於小組活動表示，做功課令他的人生很苦悶，他每天都要花數小時做功課。「為什麼我們要做功課？為什麼我們要讀書？」學生對學習及做功課沒有動力，背後原因眾多，常見的包括：對學習「沒有興趣」、「沒有意義」、「累積太多挫敗感」等。

▶ 被測驗考試的競爭影響

孩子不解為何在現代社會仍要學習古詩，找不到學習的意義，欠缺學習的動力。此外，現時學習環境充斥着默書、測驗、考試等評核，令孩子的學習經驗往往被競爭包圍着，認為學習只是為了應付考核，不但感到枯燥乏味，還會產生壓力與焦慮。

心理學分析

▶ 孩子過分依賴家長指導功課的原因

孩子過分依賴家長協助做功課的問題複雜，涉及多個因素交錯影響，其中家長特別要留意可能導致孩子學習動機低的三大原因（Bandura，1977；Elliot 與 Dweck，2005；Niemiec 與 Ryan，2009；陳志恆，2015）

◎ 分析 1：自我效能

當孩子主觀認為自己做功課的能力不足時，便會表現缺乏信心，相信需要依賴更有能力的成年人協助才可以完成功課。自我效能感亦與孩子的成功經驗有關。

◎ 分析 2：缺乏成功經驗

若然孩子在學習上努力地付出，但結果總是不如人意，會讓他們出現「習得無力感」（Learned Helplessness），認為無論怎樣努力也不會有進步，進而使孩子相信自己沒有能力，以至放棄努力。

◎ 分析 3：學習內容與自己沒有關連

假如孩子認為所學習的與自己無關，加上考試的壓力，孩子有機會認為學習只是為了應付考試，找不到學習的意義，對學習的興趣自然越來越低。

▶如何鼓勵孩子完成功課？

當孩子呈現較低學習動機時，想必很多家長或老師會立刻思考該如何教導他們。但家長要相信，沒有孩子故意在學習上失敗，所以立刻想要糾正他們的過失並非最有效的方法。雖然成長應該沒有一個要獨立完成功課的標準時間，但當孩子在生活或學習上遇到困難，如果能夠被我們看見、理解並提供協助，能夠協助孩子變得更獨立。想提升孩子的學習動機，家長可參考以下建議（陳志恆，2015）：

⚙建議 1： 避免急於說教

孩子不喜歡被貼上標籤，家長不宜先批判他們「不用功」、「懶惰」、「只花時間在打機」等，以免窒礙溝通。若家長看到孩子有使用電子產品的習慣，可先觀察他們的「超時行為」有否影響日常生活，再引導他們學習管理時間，每日應優先處理較緊急、重要的事項，例如先完成功課，安排在不影響日常生活的時間使用電子產品（余鎮洋，2022）。

例子：當媽媽發現希希重複出現類似的問題，可以問希希：「你看看這一題，與上面那一題有沒有相似的地方？」當希希找到相似之處時，就可以進一步引導說：「對了，所以這兩題可

以用同一個方法處理，你說說剛才我們用什麼方法做到？」
藉以鼓勵希希逐步靠自己嘗試解難。

建議 2： 理解孩子不想學習的背後原因

孩子缺乏學習動機，家長可以抱着「我不知道」的態度（Not-knowing Stance），透過探問方式向孩子理解背後原因。就像上述例子一樣，家長可先運用同理心（Empathy），讓孩子知道家長了解他們的感受，並藉此探問孩子對學習反感的原因，更好地了解孩子的內在需要，促進親子關係。

例子：當媽媽留意到希希不想做功課時，可以對他說：「媽媽發現
　　　你好像不太開心，是否與做功課有關？如果媽媽不知道你遇
　　　到什麼困難的話，也會不知道怎樣去幫助你呢。」

建議 3： 協助孩子着眼於後天努力的重要

當家長給予回饋時，宜強調孩子的努力及過程中所採用的學習策略。當他們的表現未如理想，評語的重心宜放在具體的改善方法，灌輸從錯誤中學習的訊息。例如，父母在訂立獎勵計劃時，若孩子能就測驗上答錯的題目解釋出錯的原因，及給予正確答案，應考慮給予代幣（Token；例如貼紙、星星）作獎勵。以上原則有助提升孩子的能力感，讓他們明白學習表現並不是早早注定，而是可以通過努力去改變，從而提高他們的學習動機（鄧軍樂，2022）。

例子：當希希完成功課時，除了給予獎賞外，亦可以這樣鼓勵他：「希希你花了很多時間和努力，又嘗試自己解決問題，見到你的功課越來越有進步了，媽媽很欣賞你！」

⚙ 建議 4： 增加其他學習經驗

若然孩子只是在做功課、温習課本中學習，容易感到枯燥乏味，失去對學習的興趣。家長可以多引導孩子參與不同的課外活動，參加興趣班、到訪博物館、藝術館、圖書館等，增加在日常生活中應用知識的機會，慢慢培養孩子探索學習的興趣與意義。

例子：媽媽可以帶希希到博物館參觀歷史文物時，向他解釋：「你看，古時的人類生活與文字都與現在不同，透過學習古文，對我們認識他們的生活，從他們的經驗中學習，提升現在的知識。」這樣可以引起希希對學習的興趣，並增加他對知識的好奇心。

參考資料

- Bandura, A. (1977). Self-efficacy: Toward a unifying theory of behavioral change. *Psychological Review*, 84(2), 191-215. https://doi.org/10.1037/0033-295X.84.2.191

- Elliot, A. J., & Dweck, C. S. (Eds.). (2005). *Handbook of competence and motivation*. Guilford Press.

- Niemiec, C. P., & Ryan, R. M. (2009). Autonomy, competence, and relatedness in the classroom: Applying self-determination theory to educational practice. *Theory and Research in Education*, 7(2), 133–144. https://doi.org/10.1177/1477878509104318

- 余鎮洋（2022）。〈網絡遊戲成癮〉。載於香港心理學會輔導心理學部（主編），《青春的歷練：20 個青少年成長的心理挑戰》（頁 252-262）。萬里機構。

- 陳志恆（2015 年 12 月 12 日）。〈如何幫助孩子提升學習動機？〉。《親子天下》。https://www.parenting.com.tw/article/5079725

- 鄧軍樂（2022）。〈獵豹也躺平〉。載於香港心理學會輔導心理學部（主編），《青春的歷練：20 個青少年成長的心理挑戰》（頁 159-167）。萬里機構。

第 2 章

家庭成長篇

家長對於孩子在成長中所犯的不當行為，比如說謊、鬧情緒等，可能會擔心孩子「學壞」而緊張起來。這時不妨先靜心，多為孩子着想，細想孩子行為背後的原因；多照顧孩子的情感需要，這正是孩子建立自我形象的良好開始。

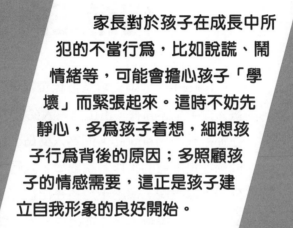

親職教育（Parenting）
—— 何謂正向管教？

Parenting，中文常常被翻譯為親職、管教、教養。從英文字面看，正正是為人父母（Parent）的現在進行式（Parenting）。而為人父母，可說是世上最簡單亦是最難的工作。說簡單，人們常常笑言為人父母不需考牌，懷胎十月孩子出世了，兩人便喜用父母身分；說難，孩子從出世開始，父母身上便背上了許多的責任，父母兩人的生活安排、甚至個人的職業發展均有可能因為父母的身分而改寫。

▶教養絕非只得一套

兩人為人父母後該如何養育、管教、栽培子女的成長發展，這些均屬於親職教養的範疇。事實上，每個人都可謂是無師自通，至少有着一套自己的育兒理念哲學，對孩子或嚴厲或放任，每個人都能從自己原生家庭裏找到為人父母的原型。但如果未經自己的深入

思考，每位家長僅複製自己父母從前的做法，這有機會能夠成功，但亦有更大的機會會觸礁。畢竟時移勢易，時代不同，更重要的是，每位父母和每個孩子的性格都與上一代不同。而讓情況更為複雜的是，有時父母各自信奉的一套教養方式存在着很大的差異，甚至相互排斥。可想而知，在往後多年的育兒實踐中，父母在育兒教養上出現的矛盾會有多大。

現今世界與過去的其中一點不同，便是我們能夠更容易去獲取具理論根據、有研究實證的教養方式。儘管這些教養方式未必能適切匹配每一種文化、每一個家庭，但當中蘊含的育兒理念、有研究實證的方法確實能為家長提供許多寶貴的啟發。在眾多備受矚目的教養風格中，正向管教（Positive Parenting）無疑是其一。

▶與孩子建立緊密的聯結感

正向管教（Positive Parenting，或稱 Positive Discipline）的理念來自大名鼎鼎的奧地利心理學家 Alfred Adler（阿德勒）。Adler 強調個體的社會性，認為人的成長與發展和一個人的家庭、學校、社會環境息息相關，獲得社會關係的歸屬感和重要性是每一個人的重要推動力，否則人們便會感覺到深深的自卑感而衍生各種困難。基

於自身的經歷和對成長的觀察與深刻的反思，Adler 於十八世紀初期創立了「個體心理學學派」（Individual Psychology），並著有《自卑與超越》、《阿德勒心理學講義》等暢銷書籍，他的心得與智慧造就了多本膾炙人口的作品，如長居各地暢銷書榜的《被討厭的勇氣》和《接受不完美的勇氣》等。

Adler 對兒童成長非常重視，他的教育理念成為了現代家長教育、學校教育的風向標，越來越多的著作整理了 Adler 寶貴的教導而被廣泛宣導，《跟阿德勒學正向教養：學齡前兒童篇》、《跟阿德勒學正向教養：教師篇》便是當中一二。Adler 宣導家長和教育工作者應該通過鼓勵來幫助孩子克服自卑感，發展他們的自尊心、自主性。個體心理學學派認為，孩子正向成長的必要條件為與父母、師長建立緊密的聯結感（Connect）、讓孩子感覺被大人信賴（Count）、讓孩子慢慢建立能力感（Capable）和鼓勵孩子而讓他們變得有勇氣（Courage）。

正如所有有效的親職管教方法，正面的親子關係同樣是正向管教的重要基石。正向管教強調家長和孩子首先需要建立相互尊重的積極關係，只有感覺到被父母重視和被家人尊重，孩子才能在家庭中感到安全、被愛，才能放心地發展自己積極的一面。否則，孩子可能會因害怕受到懲罰而惶恐不安，或因感到被壓制或控制而變得反叛和挑釁，導致消極的行為和態度。

▶同理心讓孩子感覺被理解

如何才能在日常生活中實踐出相互尊重的正面親子關係呢？正向管教給予的建議是，家長需摒棄專制態度，用權威、開放、尊重的姿態和孩子相處。日常生活中珍惜與孩子相處的時間，家長儘管忙碌也會遵守與孩子專屬的「寶石時間」（Gem Time）的約定，例如聽孩子說說悄悄話、講講睡前故事或互道晚安等。當孩子有情緒時，家長應避免輕視、貶低或否定孩子的感受和想法。相反，家長應該有耐性地、有同理心地傾聽，表明重視和接納孩子。當孩子感覺被傾聽、被理解，自然不需透過額外的無效行為來尋求父母的注意力。

▶溫柔堅定的教養最有效

有些家長可能會憂心，家長對年幼的孩子放下家長身段、接納和滿足孩子會否讓孩子變得唯我獨尊、目中無人？

事實上，正向管教對家長的指引是溫柔而堅定，這意味着父母會同情和理解孩子的感受，同時亦需要清楚和一致地表達他們作為盡責的父母，對孩子在成長過程中的合理期望。例如，當哥哥動手打妹妹時，父母可以說：「我理解你感到沮喪，但打妹妹是不對的。讓我們先冷靜一下，然後一起想想看怎樣做，下次才能更好地解決這問題。」正向管教重視父母鼓勵孩子學會負責任，教導孩子做出

正確的選擇。當孩子出現反抗情緒時，家長應耐心引導，並尋求長期解決方案，而不是透過懲罰和控制手段達到短暫的奏效。

在與孩子建立了穩固的聯結感後，家長需要對孩子表達出信任，鼓勵孩子勇於嘗試。相信我們都認同，孩子在自主嘗試後取得的成功經驗，對他累積能力感非常重要。關於這一點，正向管教對家長的建議是，在日常生活中多鼓勵孩子參與和他們相關的家庭規則的制定，例如在家中分擔多少家務、假期如何規劃安排等，這些均可以幫助孩子培養自主性和責任感。

▶鼓勵有助激發孩子的信任

阿德勒心理學被稱為「勇氣心理學」，我們不難想像正向管教非常重視培養孩子的勇氣。而培養孩子勇氣的最佳方法便是透過家長不斷的鼓勵。現實生活中，人們經常混淆鼓勵與獎勵，家長們會認為在孩子做得好後稱讚孩子，或獎勵孩子在考試中取得好成績便是對孩子最有效的鼓勵。

鼓勵是指父母在孩子表現前已經表達出對孩子能力的信任，例如在考試前，家長鼓勵孩子說：「我知道你會緊張或擔心成績，但爸爸媽媽看見你有為這次考試而付出努力，我們相信只要你放鬆心情，盡力作答，會獲得理想的成績。」與在孩子考試獲得不錯成績後的獎勵相比，鼓勵能夠表現出家長對孩子能力或努力的認同、

對孩子一貫穩定的信任。這種認同和信任，更能激發孩子的內在動機，而內在動機正是讓孩子感覺到父母的支持、信任。長此下去，孩子便能漸漸將父母的信任內化，轉變成對自我價值、能力感的信任。這樣看來，父母的鼓勵不正是根治孩子退縮、沒有自信、不敢嘗試的最佳良藥嗎？

　　除了以上方針外，正向管教還為家長提供了許多具體可操作的執行方法，本書 2.1 至 2.4 各章節便會深入解說和探討不同管教方法在生活中的真實應用，相信閱讀後，家長們都能更理解正向管教的核心理念和掌握應用方法。

孩子說謊成性，家長可以怎麼辦？

▶我家彤彤愛說謊

彤彤是一個 8 歲的女孩子。她性格活潑好動，常常東跑西走。有一次，彤彤跟家人到酒店吃自助餐。大家剛剛坐下，她就立刻跑到中式自助餐台，取她最愛吃的點心。彤彤回來時手上拿着一籠燒賣，但籠中只有兩顆燒賣，另外兩顆不翼而飛。媽媽詢問彤彤是否途中打翻了，但彤彤肯定的說：「我拿回來時它的分量就已經是這樣！」媽媽聽到女兒這樣說，也就打算作罷。

可是，隨後回來的哥哥卻突然說他親眼看到妹妹弄翻了籠子。媽媽一聽就大聲責問彤彤為何有錯不認，還要說謊，是個壞孩子。但彤彤堅稱自己沒有弄翻，是哥哥冤枉她。她們互相爭論一番，最後飯局不歡而散。回到家，媽媽冷靜下來，就勸導彤彤說：「我知道你年紀小，不懂分辨是非黑白，但有錯就要承認。若你現在不改過，你就會像《狼來了》的故事主人翁，沒有人會再相信你了。」過了一會兒，彤彤就承認了她是說謊，向媽媽道歉。媽媽就對女兒

說：「你肯認錯，那就太好了。我們要做一個誠實的小孩子，記住了嗎？」彤彤表示記住了。

▶大話越講越大

　　媽媽以為彤彤認錯後就不會重犯，怎料幾天後女兒撒了一個更大的謊。原來媽媽為了讓彤彤記得這次教訓，希望透過老師來加強力度，就把這件事寫在學生手冊的家長通訊上，並叫女兒一定要交給班主任簽名作實。彤彤隨口答應。過了幾天，當媽媽問女兒是否已拿到班主任的簽名，彤彤就戰戰兢兢地拿出手冊，說：「老師簽了名，並叫我以後不要說謊。媽媽對不起，我知道錯了，以後不會再犯。」

　　媽媽開心地伸手拿過手冊，卻發現冊上的簽名東歪西倒，像毛毛蟲一樣。她心想，這很明顯不是大人的簽名。媽媽生氣地質問彤彤是否又說謊了。彤彤一開始還辯稱那真的是班主任的簽名，但在媽媽拿雞毛掃打她後，她才流着淚承認是自己說謊。彤彤事後解釋

因為她怕被老師責備和想媽媽高興，才冒老師的簽名。

媽媽既生氣又無助。她覺察到自己很容易被彤彤的說謊行為而牽動情緒，可是如果繼續責罰女兒好像也效果不彰。媽媽不明白自己天性乖巧，過去也常常教彤彤要誠實，為何自己的女兒會變成這樣呢？

▶ 孩子説謊是無師自通？

為人父母，從來不是一件容易的事。除了要照顧孩子的起居飲食、供書教學，亦時常要注意孩子的身心和品格是否發展健康。就算不求孩子讀書好、成就大，家長也總希望孩子能為人誠實、幸福快樂地成長。怎料說謊似乎是小孩的天性本能，不用別人教就無師自通，令許多家長十分苦惱、不知如何是好。

其實說謊有可能是孩子認知能力正在發展的表徵。加拿大多倫多大學兒童研究學院 (The Dr. Eric Jackman Institute of Child Study) 的傑出教授 Kang Lee 博士，曾與其團隊進行多個與說謊相關的實驗。研究發現，小孩早在兩歲的時候，每四個就有一個會說謊；3歲就達到一半；到了 7 歲，基本上所有孩子都懂得說謊 (Goldberg, 2013)。由此可見，小孩說謊未必是學壞的表現。作為家長，應先了解孩子為何會說謊，才懂得如何處理及培養他們做個誠實的人。

 **心理學分析**

▶ 孩子說謊的三大常見原因

為什麼孩子要冒險說謊呢？孩子說謊可能與以下三個原因有關（陳品皓，2018；黃詠詩，2020）：

❤分析 1： 保護自己　免受責罰

這是最常見的原因。孩子說謊通常是因為他們認為，如果說了實話後，爸媽一定會責罵或受到其他處罰。

例子：小明認為如果他承認自己和同學打架，爸爸一定會處罰他，所以唯有說謊，騙說是自己不小心跌傷。

❤分析 2： 希望獲取大人的讚美與獎賞

有時孩子會認為未能做到自己答應或家長要求的事情，但仍想得到家長的讚賞或獎勵，就可能會說謊，說自己已達到了某個標準。

例子：小美答應了媽媽完成默書溫習後才可以玩玩具，但還沒溫習15分鐘，她就想去玩，於是就騙媽媽說自己已經溫習好了。

❤分析 3： 逃避問題或大人的追問

孩子面對無能力解決的問題時會想逃避，就算自己並非做了錯事；有些孩子為免家長擔心或追問，會選擇說謊來安慰或打發家長。

例子：小強不懂如何交友，但為了不想爸媽過分關顧或擔心，就謊稱自己在學校有許多朋友。

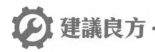

圖 1：孩子說謊的三大常見原因

🔧 建議良方

▶ 處理孩子說謊的三個建議

了解孩子說謊的動機或原因，並不代表說謊沒問題。當發現孩子在說謊時，家長應該怎樣回應才能鼓勵孩子說出真相呢？家長可嘗試參考以下建議，處理孩子的說謊行為（Wojcicki，2019；張成旭，2021）：

⚙ 建議 1： 家長先冷靜

當發現孩子說謊時，大部分家長會責怪孩子為何說謊，再追問真相是什麼。可是，此時孩子的內心通常會驚惶失措。若家長急躁

地要求孩子認錯，可能會令孩子思想更加混亂和緊張，最終演變成雙方爭執，失去了讓孩子學習的契機。故此，家長本身宜先安定心神，找準時機後，再心平氣和地與孩子溝通。

例子：媽媽在質問彤彤前，可透過轉移注意力的方法（例如，在腦中倒數數字、飲水等）來平伏自己高漲的憤怒情緒，避免一時衝動而口不擇言或責打，造成無可挽回的後果。

⚙ 建議 2： 抱持同理心　引導孩子面對謊言

平靜過後，家長可以對孩子說：「我知道這件事你沒有實話實說。我想你一定有你的難處 / 理由。只是爸爸媽媽也很想幫助你，我們想聽到實際的情況到底是怎樣。」家長不妨向孩子分享自己小時候的相似經歷，並反映當中的掙扎和感受，孩子知道家長能夠明白他們的難處。當孩子發現家長對話的重點是能夠理解他們時，這能幫助化解孩子對說真話的恐懼，覺得可以安心分享自己的想法，繼而坦白講出真相。

例子：媽媽對彤彤說：「媽媽知道你在這件事上沒有坦誠。媽媽像你這麼大的時候，也曾在學校闖禍，然後害怕公公罵，所以不敢告知實情。只是當公公後來知道時，他沒有罵我闖禍的事，反而提醒我要誠實，家人才能及時作出幫助。」

✿ 建議 3： 不急於責罰　適時暫停討論

如果家長看到孩子仍舊無意告知實情，與其繼續僵持不下，不妨暫時放過孩子，說：「看來⋯⋯你還需要多點時間。」或「沒關係，要不我們先暫停一下，半小時後再回來傾談吧。」然後，擁抱一下孩子。當我們對孩子有耐心，孩子才會安心。說出上述的話，並不是輕看問題，而是讓孩子知道家長是願意支持他們的。畢竟，討論是為了解決問題，讓孩子學會承擔責任、不再說謊的重要過程，所以等待一些時間是值得的。

例子：彤彤繼續沉默不言，媽媽就說：「看來彤彤你還需要多點時間準備。沒關係，媽媽先去廚房準備晚飯，你準備好時就過來找我吧。」過了一會，彤彤就拿着手冊，走進廚房向媽媽道歉。

小結：

相信為人父母都會同意，培養孩子學會誠實是很重要的。可是，如果家長未清楚孩子為何說謊就激動地教訓和責罵，雖或會短暫奏效，但孩子可能會更加恐懼，下次就會用更多的謊言來遮蓋事實。這樣做，不單對事情無幫助，甚或會適得其反。要長遠地改善孩子說謊的情況，先要讓他們明白道理、真心改過，而非只因為害怕家長的責罰 (Talwar, 2022)。

若家長能試着去關注和理解孩子的想法，接納孩子也會犯錯，這樣就能增加孩子的安全感，不需用謊言來保護自己。另外，家長也可以透過故事引導和以身作則來培養孩子坦誠的正向美德，例如：與孩子共讀繪本《我不敢說，我怕被罵》（謝靜雯，2014），鼓勵孩子更勇敢地去面對自己的過錯和挑戰。

參考資料

● Goldberg, B. (2013). *Even toddlers tell untruths*. https://www.utoronto.ca/news/even-toddlers-tell-untruths

● Talwar, V. (2022). *The Truth About Lying: Teaching Honesty to Children at Every Age and Stage*. American Psychological Association.

● Wojcicki, E. (2019). *How to Raise Successful People: Simple Lessons for Radical Results*. Houghton Mifflin Harcourt.

● 張成旭（2021）。《好爸媽的高效生氣法：健康地表現怒氣，親子一起正向成長》。遠流出版公司。

● 陳品皓（2018）。《如果可以誠實，孩子為什麼要說謊？心理師親授！淡定面對孩子的謊言，從改變溝通開始！23個突破孩子心房的親子練習課》。木馬文化。

● 黃詠詩（2020）。《不動氣也可教出好孩子：家長必讀的正向育兒課》。萬里機構。

● 謝靜雯（譯）（2014）。《我不敢說，我怕被罵》（原作者：Pimm van Hest）。大穎文化。（原作出版年：2013）

2.2

如何恰到好處地讚美孩子？

▶ 三位媽媽對讚美的迷思

在一個春意盎然的午間，陳太難得偷閒，與兩位好友在尖沙咀一間咖啡廳品嘗英式下午茶。席間，三位媽媽的話題依然離不開育兒心得。

「經我多番讚美，我兒子終於願意溫習默書了……」陳太分享她最近與孩子周旋後的成果。

「看，我沒說錯吧。早說了讚美有效。」李太以一副得意洋洋的嘴臉說道。

「但……這會令孩子過分依賴讚美嗎？我怕有天我讚少了，他就不合作了！」陳太以半信半疑的態度問。

「對啊！我總覺得孩子需要自動自覺地溫習，不能依賴讚美！我就曾經不斷讚女兒又聰明又醒目，做什麼都頗有天分。一開始還好好的，不知怎的，之後就失效了。女兒變得越來越懶。有時還恃着自己有幾分聰慧，沒盡全力應付考試。讚壞了呀！」黃太滔滔不絕地附和着陳太。

黃太說完後，三位媽媽面面相覷。雖然李太最後勉強地自圓其說，但面對陳太及黃太的疑惑，一向自信的她內心也泛起了一陣漣漪，不禁反思着讚美的意義及效用。

　　隨着「愉快學習」及「正向教育」於近年普及，很多家長都逐漸摒棄「孩子要鬧要打」的育兒理念，改以讚賞、鼓勵來教育下一代。除了增強孩子的自信心，家長亦期望孩子能維持學習動機，竭盡全力，發揮潛能。可是，讚美有其學問，過度或無效的讚美反而會適得其反。究竟家長要怎樣讚才能做到恰到好處，不會「讚壞」孩子呢？

▶ 讚美太多易對學習動機造成負面影響

　　外在獎勵，如讚美能否對孩子的學習動機產生正面效用，視乎其動機的內化程度（林瑞芳及唐瑩，2014）。如圖 2 所示，動機是一個從外到內的過程。內化程度越高，孩子越能發自內心地認同學習或某任務的重要性。外在獎勵乃建立孩子動機的開始，適當的讚美有助孩子慢慢將他人的認同內化成為自己的認同，轉化成內在動機。值得留意的是，內在與外在動機可互相轉化。若孩子已對某

任務抱有內在動機，過多的外在獎勵反會令孩子的內在動機外化，變得「為獎勵而做」，削弱了內在動機（林瑞芳及唐瑩，2014）。

　　美國史丹福大學心理學家 Mark Lepper 於 1973 年進行了一個經典研究。他邀請了一班喜歡畫畫的小朋友參與實驗，隨機把他們分成兩組。第一組的小朋友在畫畫後會得到獎勵，而另一組的小朋友則沒有任何獎勵（Lepper 等，1973）。其後，兩組小朋友在畫畫後都不會得到獎賞。在沒有獎勵的情況下，第一組小朋友作畫數量明顯減少，第二組小朋友則繼續興致勃勃地畫畫。可見，若孩子本已抱持內在動機，單靠讚美只會令孩子變成只為得到讚美而努力。當讚美減少時，他們就會失去動力。因此，家長宜設法令孩子明白做好任務對自己的意義及重要性，逐步深化其內在動機。可是，若孩子對某任務一直缺乏興趣和動機，外在獎勵如讚美便能派上用場。透過讚美，孩子能逐漸建立完成任務後，得到他人認同的成就感，從而慢慢內化任務對自己／人生的重要性。

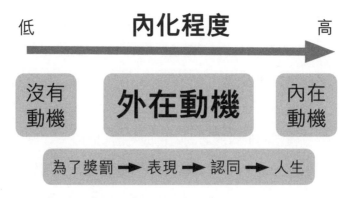

圖 2：各種動機的內化程度（林瑞芳及唐瑩，2014）

▶讚美會影響孩子的思維模式

有些家長曾把孩子的成就表現連繫至某些固定特質。例如,當子女取得好成績,家長或會稱讚他們「聰明」。久而久之,孩子便會將自己的表現歸因於自己的天資能力(「我做得好 / 不好,是因為我聰明 / 愚笨」),一種與生俱來,並非個人可以控制的因素。

美國史丹福大學心理學教授 Carol Dweck 指出,反覆被稱讚聰明的孩子會形成定型心態(Fixed Mindset),認為成就表現早早注定,不能改變。遇到困難時,他們較易放棄努力,喪失面對挑戰的勇氣。相反,有效的讚美能培養孩子的成長心態(Growth Mindset),使他們意識到挫折是學習過程的必經階段,明白失敗經驗有助自己認清要改善的地方。擁有成長心態的孩子更懂得如何面對負面評價;他們傾向認為評價會帶來進步,相信自己能找到解難方法,勇於從失敗中學習。

 **建議良方**

⚙ **建議 I: 讚美要具體**

與其說「乖仔」、「叻仔」,家長宜多就孩子的理想行為表示具體的欣賞。例如:「你今天主動溫習默書,媽媽欣賞你的用心及積極」。這樣孩子便可注視到自己的行為,而非個人的標籤或天賦,從而得到掌控感。

✿ 建議 2: 強調後天可改變的因素

家長不一定只在孩子達到目標時才給予讚美。即使孩子遇到挫折，家長也不妨欣賞他們的努力和付出。當孩子感到被尊重、接納，就會勇於在失敗後繼續嘗試。而當孩子達到目標時，家長也應強調後天可改變的因素。例如：欣賞他「經過不斷練習後終於取得成果」，把焦點放回他的行為而非成就本身。

✿ 建議 3: 讚美之餘給予合理期望

「正向教育」的意思並非指家長只能讚美而不作負面評價，其實在孩子做得不好時也需如實反映。重點在於指出其不足後，提點及引導孩子作出改善，並表現自己對孩子能做得更好的信心。這樣有助提高孩子的效能感，令他們再接再厲。恰到好處的讚美能引導孩子認清目標和方向，使他們更具自信、勇於面對新挑戰，培養終生學習的態度。讚美只要運用得宜，定能助孩子健康成長。

參考資料

- Dweck, C. S. (2006). *Mindset: The new psychology of success*. Random House.
- Lepper, M. R., Greene, D., & Nisbett, R. E. (1973). Undermining children's intrinsic interest with extrinsic reward: A test of the "overjustification" hypothesis. *Journal of Personality and Social Psychology*, 28(1), 129–137.
- 林瑞芳、唐瑩（2014）。《讓你的孩子投入學習》，香港大學心理學系。

2.3
在家庭中，如何提供合適的情緒教育？

 個案分享

▶ 大聲呼喝令子軒更失控

經過一整天辛勞的工作，爸爸終於回家了。一入屋，他看到一屋混亂，地上布滿各式各樣的玩具，而子軒的晚飯卻仍未吃完，爸爸頓時感到很憤怒，立時破口大罵，責怪兒子。看到爸爸激動地大聲斥責，原本滿心歡喜迎接爸爸回來的子軒開始哭起來。誰不知他的哭鬧聲令爸爸感到更煩躁，爸爸向他咆哮，制止他再哭，子軒很害怕又無助，唯有強忍淚水努力逼使自己靜下來。

這就是爸爸與子軒的日常，每逢爸爸認為子軒有任何不妥當的行為，例如發脾氣、哭泣叫嚷，他就會大聲喝止，叫他「住口！獨個兒到旁邊冷靜一下！」。久而久之，子軒好像都少了哭鬧，反而對這些呼喝聲「免疫」似的，沒有什麼大反應。

一天，幼稚園老師致電家長，表示子軒與同學打架，爸爸前往學校了解，發現原來子軒一直被鄰座的同學欺負，卻默默啞忍，及至老師發現及介入，子軒突然好像失控地向同學揮拳。爸爸對於兒子異常的行為感到很錯愕，亦不明所以。

▶嚴厲責罵容易令孩子內傷

爸爸經常大聲呼喝，以控制子軒的行為和情緒表現，有時雖然好像即時可以令孩子「住口」、「停手」，可是這種高壓的方式，長遠來說，對子軒以及父子間的親子關係其實毫無益處。

首先，被喝罵會令人害怕，亦可以是讓人感到相當大壓力的難堪經驗。若果這種經驗經常及持續發生，變相令子軒長期置於高壓的環境。子軒出現的所謂「免疫」反應正正反映了長期喝罵的負面後果，為了應付這種時常出現的高壓對待，子軒變得麻木，開始選擇忽略爸爸的訊息。這不但可能會使爸爸在有需要傳達重要訊息時難以與他溝通，假如子軒持續麻木和封閉與外在環境、關係，甚至自己情感的聯繫，絕對會對其心理健康發展產生不良影響。

▶家長是孩子的情緒嚮導

這些喝罵背後隱含了什麼訊息呢？想像一下，當你想表達自己的時候卻被制止；當你感到難過、害怕，失望……卻不會有人幫助你，甚至有時即使表達了也是徒然，反而只會招致更多傷害和難堪經驗……喝罵背後隱含的，許多時可能做家長也不以為意，那就是──你的情緒和行為都是不能被接受和容納的。

可想而知，長期大聲喝罵對小朋友的自我價值、親子關係可以帶來多大的衝擊，而當中因為不被接納而很可能產生的羞愧、難過和忿怒又會磨損多少親子關係中的信任和情感親密度？

▶ 每種情緒均有獨特意義

情緒其實是與生俱來的，每個情緒亦有它獨特的意義和作用，例如「哀傷」讓我們知道我們失去了一些重視的情與物，從而學會珍惜；「恐懼」提醒我們有危險，要保護自己；當我們的權益被侵犯時，我們會「憤怒」，從而推動我們去爭取公平。因此當子軒大哭，抑或發脾氣的時候，他其實是嘗試表達其心中強烈的情緒。可是當情緒被抑壓的時候，不只影響子軒的精神健康，亦阻礙了他與別人建立健康關係的界線，甚至會引發更失控的極端反應。

⚙ 建議良方 ·······································

由於孩子的大腦還處於發展階段，他們對調節情緒的能力和技巧並未掌握得成熟，加上有限的控制、語言和組織能力都會增加他們對處理情緒的困難。因此，孩子需要依賴家長作為他們的情緒嚮導；他們亦會透過模仿來學習，所以家長自己需要先做好健康的情緒調節的示範。

✿ 建議 1：協助孩子認識情緒

當孩子出現激烈的情緒反應時，家長宜先安撫孩子的情緒，耐心地引導他們去弄清那感覺一團糟的情緒，使用他們能理解的簡單語言，幫助他們慢慢描述自己的情緒，並適當地去表達出來。

家長可以說：「你感到好憤怒，因為同學仔未問過你就搶走你的文具，是不是？」這樣說，可以鼓勵孩子發展自我覺察的能力，認識和分辨自己的情緒，同時提供一個安全的空間，以便建立親子情感的連結，讓孩子知道他們的情感是可以得到理解和接受的。

✿ 建議 2：帶領孩子學習照顧情感需要

家長亦可以引導孩子，學習如何幫助調節激動的情緒，例如家長可以安靜地陪伴着他，利用適當的身體接觸，拖拖手，或者一個溫暖的擁抱，安撫孩子當刻混亂的情緒；又可以帶領孩子作深呼吸，鼓勵利用五感活動練習（五感包括：視覺、聽覺、嗅覺、味覺和觸覺），來逐步調節。

大家千萬不要看輕一句回應，一個小動作，因為這些看似簡單的回應，背後帶着更深層次的訊息，那就是——有情緒是可以的、是正常的，情緒是可以表達的，而且激動的情緒是可以安撫下來的。當家長能夠始終如一的回應及支援孩子的情感需要，便可以替孩子建立安全感，有助他們提升情緒管理能力、自信心和好奇心，

以支持各方面的發展，包括學習動機、人際關係等等。

　　情緒管理是需要家長以身作則的，因為孩子一直都在觀察中學習，他們是從與家長的互動中，日復日地學習和實踐。家長，從來都不易做，有情緒是正常的，亦是可以的，就帶領着孩子，好好表達情緒、安撫情緒，一同在起伏中成長吧！

參考資料

● Kail, R. V., & Cavanaugh, J. C. (2017). *Human Development: A Life-Span View* (8th Edition). CENGAGE Learning Custom Publishing.

● Siegel, D. J., & Hartzell, M. (2005). *Parenting From the Inside Out*. Jeremy P Tarcher.

2.4

孩子「輸唔起」而鬧情緒，如何化解挫敗感？

▶無法接受失敗的博博

博博大約從 4 歲起，媽媽就發現他對遊戲中的輸贏很敏感，偏愛要贏，不喜歡輸。有時候輸了遊戲，他就會大哭，要家人陪他再玩，直到他勝出為止。家人本以為這只是小孩一時之氣，教訓一下就會改善。怎料到他 5 歲左右，博博的好勝問題就更加嚴重。博博不單常常在玩遊戲時發脾氣，而且每當他在遊戲中落後或處於不利的位置時，他就會要求更改遊戲規則，務求令自己可以在下一回合中，反敗為勝。

有一次博博在同學的生日派對上玩大富翁遊戲時，他抽到一張要「罰款」的機會卡，他立即要求將所有包含「懲罰」的卡丟棄。媽媽立刻上前阻止，並安慰孩子說：「博博你不可以這樣做。這只是玩遊戲，輸掉也沒所謂的。」可是，當媽媽話音剛落，博博就開始哭泣，不斷嚷着：「不公平！不公平！我不要輸！」媽媽一時不知道如何回應，令她感到十分尷尬及頭痛。

事後，媽媽嘗試跟博博解釋輸贏其實不重要，做好孩子要「輸得起」。博博似懂非懂的答應了媽媽下次玩遊戲不會再發脾氣。可是過了幾天，媽媽上班時突然收到幼稚園老師的來電。班主任說博博在自由遊戲時和同學玩輸了，就在課室大哭，並把玩具扔向別人。媽媽十分生氣，就責問他為何破壞承諾。博博告訴媽媽，他其實不想發脾氣，但他就是控制不了自己。

媽媽感到十分無助，擔心博博這樣子，怎樣跟其他小朋友玩耍呢？他「輸唔起」的好勝個性，在長大後又會不會變成心靈脆弱，承受不到打擊呢？

▶好勝心從何而來？

類似上述個案的情況，相信很多家長也曾面對過。對孩子的好勝心大感煩惱，不明白他們為何會這樣怕輸。其實，孩子好勝輸不起的現象大多從 4、5 歲出現，因為他們開始認識到什麼是規則，產生對錯、輸贏的概念（廖笙光，2020）。這時候的孩子看待「對錯」為非黑即白，只要有一絲錯誤，就會認為自己完全失敗，因而出現大量的負面情緒。

 **心理學分析**

分析 1： 衡量自己能力

　　從 Erikson 的 心 理 社 會 發 展 理 論（Theory of Psychosocial Development）來看，這時期的孩子逐漸會透過與身邊的人和事作比較，從而認識自己的能力（Erikson, 1968）。孩子慢慢在乎其他人對自己的看法，特別會以學業、遊戲與比賽中的表現來評量自己的能力。當孩子意識到重要的人，如父母、老師，會因為自己獲得好成績或勝出遊戲而特別高興，就自然會更加想追求勝利，期望下次也能受到同等對待。

分析 2： 安全感作崇

　　有一些孩子因為在成長過程中缺乏安全感，特別計較輸贏，認為自己需要符合某些條件才會被愛。由於這類孩子時常擔心自己「被嫌棄」，無形中就有種推動力想在環境中突出自己的能力。

　　專門研究兒童與家庭發展的美國心理學家 Cummings 與 Kouros（2008）就指出：越不安的孩子，就越想在不同處境中「獲勝」；在輸掉的瞬間，較易因內心的不安導致情緒失控。由此可見，雖然遊戲在成人眼中可能只是一場很普通的「遊戲」，無論輸贏都不需要太過介懷，但在孩子的眼中，遊戲卻是他們一決高下、證明自身價

值的重要事情。因此他們會非常在意輸贏，當遇到挫敗時，反應自然就會比較大。

在着重品德操行的華人社會，大部分家長較着重孩子的行為是否符合社會規範。當發現孩子出現「與別不同」的行為，就十分緊張，希望孩子能立刻糾正過來，不致於在人前「失禮」。可是，就像本文開首提及的博博的媽媽，有時家長越心急想改變孩子的行為，孩子可能會越不受約束。

圖 3：孩子常常為輸掉遊戲而大哭大鬧，令家長十分苦惱。

建議良方

▶陪伴孩子渡過情緒風暴

每個人經歷挫折所引起的情感反應都不太一樣，有些人會選擇放棄或逃避；有些人則會突然變得平靜和沒有感覺；有些人會哭或大聲咆哮；而有些人則會變得沉默和退縮；還有一些人會很快振作起來，繼續面對挑戰。若家長留意到孩子遇到挫折，例如在遊戲中輸了而有挫敗情緒，建議要沉着應對，並採用以下「先處理心情、後處理事情」的策略來幫助孩子克服因輸了遊戲而生的失敗（廖笙光，2020；潘穎文，2022）：

✪步驟1：不要說「輸掉也沒所謂」

當家長說：「輸掉也沒所謂」這樣的話時，從孩子的角度來看，這種說話算是一種情感拒絕（Emotional Rejection）。孩子在遊戲中輸掉時，通常會感到挫敗、失望和被否定。然而，孩子有時無法像成年人一樣用言語表達自己的情緒，因此他們會通過行為來表達自己的感受。

如果大人只是針對孩子的行為而發表評論。例如：「輸了也無所謂」、「不要撒嬌，不然就不和你玩了」、「沒人想和一個小氣鬼玩」等等，這樣的話會忽略孩子的感受，甚至可能會加劇孩子的不安情緒。

✿ 步驟 2： 說出孩子的負面情感

當孩子在遊戲中輸掉時，家長可以運用同理心（Empathy），設身處地去感受孩子的情緒。例如：博博的媽媽想像自己在工作中，不幸失去了晉升的機會時會有的感受。然後，家長以情緒字眼來描述和肯定孩子的挫敗感受。

例如：博博的媽媽可以一邊回想成人在類似情境中會出現的情緒，一邊說：「媽媽看到你抽到『罰款』卡時大哭，擔心自己可能會落後。你好想爭勝，可惜卻遇到不幸，失去了『物業』，所以好憂慮會輸掉遊戲。」當孩子知道父母明白他們的感受時，他們會感到被接納，情緒也會逐漸平伏下來。

✿ 步驟 3： 鼓勵孩子繼續嘗試及建立策略

孩子通常希望從勝利中獲得肯定，因此當他們感到落後時，家長可以適當地給予鼓勵和引導他們去思考取勝的策略，從而提升達到目標的希望感（Hope）。不論是技巧性遊戲，還是運氣性遊戲，家長都可以與孩子坐在一起，因應孩子發展程度來提供取勝策略和建議，讓孩子感覺到自己被支持。重要的是，家長要強調練習和努力的價值，讓孩子明白透過不斷嘗試和練習，才能取得進步和成長。

例如：博博的媽媽可以說：「雖然剛才只擲到一步，很是失望，但是媽媽很欣賞你投入地玩這個遊戲。媽媽想與你一起再嘗試，我們不如今次一起看看這次擲骰子能走多少步？」

⚙️步驟 4: 賽後檢討

　　如果孩子在遊戲中的情緒太高漲，家長可以先讓他們冷靜下來，或者和孩子離開現場，避免增加孩子的焦慮和不安。當與孩子獨處時，家長可以重複上述步驟，並且與孩子檢視一下遊戲的過程和經驗，鼓勵他們從挫敗中學習和成長。家長可以在檢討中強調孩子所獲得的經驗和知識，以及在過程中所表現出來的優點和長處。

　　例如：博博的媽媽鼓勵孩子說：「你在這個遊戲中表現出很棒的決策能力，下次我們可以更好地利用這個長處來贏得遊戲。」這樣可以培養孩子的挫折忍耐力 (Frustration Tolerance) 和逆境應對能力。

> 我們要留意手上有多少遊戲幣，這樣當抽到「罰款」也不用怕失去「物業」。

圖 4：家長可鼓勵和引導孩子去思考取勝的策略

參考資料

- Cummings, E. M., & Kouros, C. D. (2008). Stress and Coping. *Encyclopedia of Infant and Early Childhood Development, 3,* 267-281. https://doi.org/10.1016/B978-012370877-9.00156-0

- Erikson, E. H. (1968). *Identity: Youth and Crisis*. W. W. Norton Company.

- 廖笙光（2020）。《光光老師的高情商教養學：跨越情緒教養關卡，磨人精也可以變身小天使》。遠流出版事業股份有限公司。

- 潘穎文（2022）。《正向教養從語氣開始：當個不吼不罵、溫和且堅定的父母》。新雅文化事業有限公司。

第 3 章

網絡世界篇

活在網絡世界，孩子對於高感官刺激的「電子奶嘴」，容易「上癮」。家長特別感到無奈，因為虛擬的網絡世界永遠不能取代家長跟孩子的依附關係。家長可以善用溫柔的態度，協議每天的上網時間，以傾聽及陪伴的心作為孩子的成長支柱。

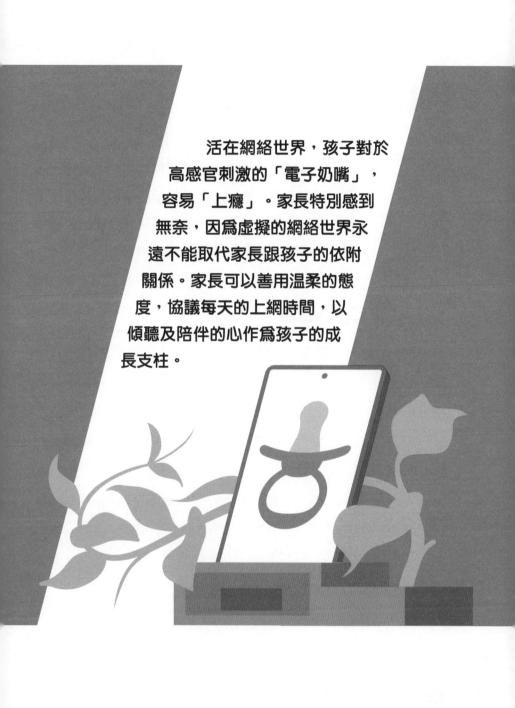

網絡成癮是什麼?

　　兒童及青少年使用網絡已經是日常生活的一部分,而家長往往會擔心子女的網絡使用習慣是否出現問題。本篇文章中,我們會嘗試解釋何謂網絡成癮、它的成因以及處理方法。

▶網絡成癮可自行檢測

　　網絡成癮可以簡單定義為:因花費過多時間使用網絡,使健康、工作、財務及人際關係等方面都受到負面影響,但當事人仍然對使用網絡媒體有強迫性的需求。雖然網絡成癮目前並未列入《精神疾病診斷與統計手冊(第五版)》(DSM-5),網絡成癮仍然會引起很多不健康的心理及行為。

　　Young(2000)將網絡成癮定義為在六個月內過度使用網絡作為休閒目的,並符合以下五個或更多標準:

　　• 對網絡的沉迷;

　　• 花上更長的時間在網絡上以獲得滿足感;

　　• 未能成功減少或戒斷網絡使用;

- 在減少或戒斷網絡使用時出現煩躁等負面情緒；
- 使用網絡的時間比預期更長；
- 對學校、工作或人際關係產生負面影響；
- 隱瞞網絡使用的程度；
- 使用網絡來應對問題或負面情緒。

▶互聯網遊戲障礙是一種病

雖然網絡成癮並未成為正式的精神疾病，但在最新版本的《精神疾病診斷與統計手冊（第五版）》（DSM-5）中，它已經被納入為「互聯網遊戲障礙」，並提出多個症狀，用作判別異常線上遊戲行為的指標，當中包括：沉迷、心理戒斷、耐受性、未能減少或停止、對以前享受的愛好失去興趣、儘管產生影響仍不斷遊戲、謊報遊戲時間、使用遊戲來應對負面情緒，以及因為遊戲而對就業和社交關係產生可能或實際的負面後果。

到目前為止，遊戲障礙被正式確認為精神疾病，而世界衛生組織也正式將遊戲障礙納入於更新的《國際疾病分類》（ICD-11）中作為一種心理健康狀態。而 ICD-11 將遊戲障礙視為一種無法控制的異常遊戲行為，無論在線還是離線，其特點是病者在可選擇的情況下，會優先考慮遊戲而不是其他活動，儘管病者明白它對生活產生負面影響，但仍然持續遊戲行為。

▶多巴胺在大腦分泌快樂激素

引起網絡成癮有很多不同的原因,當中包括:大腦中多巴胺的激增、遺傳因素、潛在的心理健康問題和環境因素。對一些人來說,長時間使用網絡會在大腦中產生一種多巴胺激增狀態。多巴胺是一種在大腦中產生幸福感的化學物質,最重要的功能是在大腦產生快樂感。兒童及青少年的網絡成癮者,會通過重複參與網絡上的成癮行為,以不斷追求這種愉悅的效果。

▶從虛擬互動獲取幸福感

遺傳因素在網絡成癮的發展中扮演着重要角色。有證據表明,相比大多數人,多巴胺或血清素水平較低的人,一般會較容易參與使大腦感覺愉悅的行為,從而達到相同的期望效果。至於心理健康相關的問題,焦慮和抑鬱症患者很多時都會利用網絡的刺激,來抵消本身出現的負面情緒,並從虛擬互動中獲得即時滿足,這便是網絡成癮的其中一個原因。此外,病態的網絡使用也可能源於環境因素。例如,在生活中經常接觸網絡遊戲廣告,以及使用互聯網的方便程度等等,這些因素都是導致孩子(青少年)有網絡成癮的重要預測因素。

不良後果引致惡性循環

網絡成癮對兒童及青少年患者的影響，可以是短期或長期的，兩者都可能對患者的身體和心理造成損害。身體方面包括：背痛、體重增加或減輕、記憶力下降、視力疲勞等；心理方面則有：情緒不穩定、家庭關係惡化、人際問題等。更要留意，病情引發的後果往往也是雙向的。例如，因過多的網絡使用引起的不良心理健康狀態，會反過來變成更多網絡使用的原因。雖然一些負面情緒可以透過網絡來緩解，但那只是暫時性；過度使用網絡，卻會導致長遠的心理健康問題，如焦慮症、抑鬱症、強迫症和家庭關係不良等。

網路成癮常見三種類

網絡成癮有很多不同的種類，以下是最普遍出現於兒童及青少年的三個種類：

1. 網絡性成癮

網絡性成癮是一種在網絡上進行虛擬性活動的性上癮病症。青少年很容易受好奇心的驅使，在線上尋找各種有關性刺激的內容。網絡性成癮有很多其他原因，包括：控制衝動的能力不足、親密關係問題等等。這種情況不僅會對青少年造成即時的影響，還會對其他方面造成長遠的負面影響，例如：出現學習效率下降、人際關係受損、自尊心下降、孤立和抑鬱。

2. 強迫性尋求資訊

強迫性尋求資訊是指，在科技環境中不斷尋求新資訊的需要。現在網絡上提供大量的訊息已經讓一些兒童及青少年產生了無法控制的渴望，使他們不斷去尋求，以獲得更多的訊息。強迫性尋求資訊的原因包括：焦慮、尋求新鮮感的性格，以及大腦中多巴胺的增加。這種情況還可能導致學習效率下降，最終導致其他問題的出現。

3. 遊戲成癮

遊戲成癮是指浪費過多時間在電子遊戲上，達到干擾日常生活的地步。現在網絡不斷提供新遊戲，當中有更好的遊戲角色和更具挑戰性的任務，兒童及青少年會因自制力不足而變成網絡成癮。遊戲成癮的原因包括：多巴胺系統被過度刺激、自尊心低、社交焦慮、渴望逃避現實等等。與遊戲成癮相關的後果也可能很嚴重，包括：肥胖、睡眠困難或失眠、缺乏社交技能、頸部和背部問題、眼睛疲勞和在學習方面的困難。

應對方法

如果你懷疑孩子出現網絡成癮問題,有一些策略可以幫助改善情況,以下提供一些簡單的方法:

◎方法 1: 管理上網時間

和其他成癮問題一樣,完全戒掉網絡可能是不明智的,亦較難以實行。事實上,考慮到網絡在學習中的多種用途,完全停止使用網絡也許是不切實際的選擇。相反,我們應該幫助孩子制定一個合適的計劃,每天限制使用網絡的時間,例如從 6 小時減少至 3 小時,然後逐漸減少使用時間,直至達到目標限制。

◎方法 2: 利用空閒時間參與健康活動

受網絡成癮困擾的兒童及青少年,往往會放棄他們曾經喜歡的活動。然而,重新參與這些不用網絡也能進行的活動,可能會幫助孩子保持專注,避免被網絡干擾。

◎方法 3: 與朋友或家人共渡時光

破壞人際關係是網絡成癮最嚴重的後果之一。因此,通過放下手機或電腦,與家人或朋友共渡實體時間,有助與孩子重新建立聯繫。

⊘方法 4： 認清孩子的情緒狀態

努力了解是什麼原因導致孩子有網絡成癮。家長應該讓孩子明白單靠上網來逃避負面情緒或尋找認同感，只會讓這些負面情緒變得更加嚴重。相反，他們可以嘗試將上網時間，用於更有生產力和意義的事情上，例如個人興趣或與學校相關的活動。

⊘方法 5： 嚴重者宜尋求專業協助

如果情況未能被控制下來，就可能需要向專業人士尋求幫助。專業人士可以提供策略、工具和支持，幫助孩子克服網絡成癮問題，並處理可能導致成癮的潛在因素。

> ### 小結：
>
> 總之，要克服孩子的網絡成癮問題，需要結合自我管理策略、強大的支持系統，以及必要時的專業指導。請緊記，克服網絡成癮需要時間和努力，但只要堅定不移，就可以重新掌控孩子使用屏幕的時間，過一種更健康、更平衡的生活。

參考資料

● Adiele, I., & Olatokun, W. (2014). Prevalence and determinants of Internet addiction among adolescents. *Computers in Human Behavior.* 31, 100-110.

● American Psychiatric Association. (2022). *Diagnostic And Statistical Manual Of Mental Disorders* (5th Edition, text rev.). DSM-5-TR. https://doi.org/10.1176/appi.books.9780890425787

● Dhir, A., Chen, S., & Nieminen, M. (2015). Predicting adolescent Internet addiction: The roles of demographics, technology accessibility, unwillingness to communicate and sought Internet gratifications. *Computers in Human Behavior.* 51, 24-33.

● Ibrahim, A. K., Fouad, I., Kelly, S. J., Fawal B. El., & Ahmed, G. K. (2022). Prevalence and determinants of Internet Addiction among medical students and its association with depression. *Journal of Affective Disorders.* 314, 94-102.

● Jiang Q. (2019). Risk Factors and Clinical Assessment of Internet-Addicted Adolescents. *Internet Addiction Among Cyberkids in China: Risk Factors and Intervention Strategies.* Springer, Singapore. pp85-142.

● Tsitsika, A., Critselis, E., Louizou, A., Janikian, M., Freskou, A., Marangou, E., Kormas, G., & Kafetzis, D. (2011). Determinants of Internet addiction among adolescents: a case-control study. *The Scientific World Journal.* 11, 866-874.

● Weinstein A, Lejoyeux M. (2000). Internet addiction or excessive Internet use. *The American Journal of Drug and Alcohol Abuse.* 36(5): 277-83.

● World Health Organization. (2019). *International Statistical Classification of Diseases and Related Health Problems.* (11th Edition). https://icd.who.int/

● Young K.S, Griffin-Shelley E, Cooper A, O'Mara J, Buchanan J. (2000). Online infidelity: A new dimension in couple relationships with implications for evaluation and treatment. *Sexual Addiction & Compulsivity.* 7(1-2): 59-74.

3.1

孩子適合擁有自己的智能電話嗎？

個案分享

疫情影響下，學生在過去兩個學年有不少時間在網上學習，相比疫症爆發前用多了電子產品。台灣早前就有家長讓孩子使用手機進行網課時，不料孩子購入大量遊戲點數而引致親子衝突及消費爭議（盧金足，2021）。我們在輔導工作中也遇到不少家長查詢該如何回應子女想要智能手機的訴求，亦問及何時應買第一部智能手機給孩子。以下就有一個案供分析：

▶ 擁有第一部手機的彤彤

彤彤剛升上小六，發現身邊的朋友開始擁有自己的社交平台帳號，不時與朋友拍短片分享，並叫彤彤都開設一個帳號一起玩。彤彤覺得自己想加入，除了想融入朋友的活動外，亦覺得社交平台的短片很有趣。

疫情期間，她已經上了兩、三年網課，雖然初期不適應，後來漸漸習慣了將電子產品融入生活中。她閒暇時有用平板電腦於串

流平台觀看影片娛樂，也試過用網絡會議軟件與朋友聊天，偶爾會上網玩小遊戲。她認為社交平台類似她接觸過的網上事物，是一個可以與朋友有更多互動的地方，於是她向父母要求想要一部智能手機，可以更容易與同學聯繫。

▶ 被沒收手機下的反應

父母見彤彤平日使用電子產品都能夠自律，沒有沉迷電子遊戲，觀看影片亦適可而止，故此在彤彤生日時送上一部智能手機，並叮囑彤彤要與之前一樣的自律，彤彤爽快地答應。在開設社交平台帳號後，她經常上傳不同的照片和影片到社交平台上，有與同學的合照、自拍照，以及模仿明星跳舞的影片。雖然彤彤仍然有依時完成功課，但她不時都拿着手機，甚至晚飯時機不離手，有時亦會因為其他人在平台上的留言而不開心。

父母覺得彤彤有點沉迷，於是拿了彤彤的手機看她的社交平台，發現在她的平台上有些不認識的男生對她的相片和影片讚好，並說想與她做朋友。彤彤認為沒有問題，對方不似是壞人，父母則

認為需要限制彤彤使用電話的時間，於晚飯時就沒收手機，直至第二天早上才可以再使用。

彤彤不理解父母為甚麼要這樣做，又不想錯過與同學及其他網友的對話，試過晚上偷手機使用；被父母發現後，被嚴厲地指責一番，然後完全沒收手機。彤彤立即大哭及發脾氣，父母無奈之餘，回想是否太早給彤彤擁有自己的一部手機，歸還後又擔心彤彤會沉迷於社交媒體，不懂得怎樣保護自己。

 心理學分析

▶給孩子智能手機前的考慮

隨着電子產品的功能越趨向多元化，英國有研究指出當地大部分孩子約在 7 歲就擁有自己的智能手機（Petter, 2020），而本地不少中、小學生也擁有自己的智能手機。然而，許多家長在決定何時給孩子購買手機時便心懷隱憂，建議要先考慮孩子的成熟度、自我管理能力、實際需要，不要僅僅因孩子受到周圍同學的朋輩壓力，就輕易「就範」，父母可從以下五大方向衡量：

🔴分析 I： 了解孩子想要手機的原因

孩子想擁有智能手機的原因近年也趨向多樣化，除了為娛樂休閒，聽音樂、觀看或編輯影片外，還有與教育相關，例如網上學習、

閱讀電子書、利用即時通訊軟件與同學討論作業，亦有的是為建立社交關係，加入朋友的通訊羣組、創建自己的社交媒體帳號，例如Instagram、抖音或受朋輩的壓力等。當孩子要求父母購買手機時，建議與孩子作理性交流，先了解其想要手機的背後原因，再討論是否有其他方案可以達到同樣目的。家長切忌一刀切地說不，因為這樣孩子會認為父母不講道理，漠視他的感受，長遠會影響親子關係。

☻分析 2： 孩子在網絡社交的抗逆力

現今教育體制或許未能追得上科技的變遷，孩子在擁有手機前是否已掌握如何應對網絡詐騙、欺凌、接收或要求發放色情資訊等情況？即使我們日常大部分的網絡體驗都是正面的，但孩子仍然需要知道在遇到可怕，或受傷害的事情時該怎麼處理，否則父母要仔細想清楚孩子可否擁有一部智能手機。

☻分析 3： 孩子保護個人私穩的成熟度

孩子想擁有智能手機的其中一個原因，可能是開設社交媒體帳戶，讓自己可以分享生活照片、訊息，甚至成為網絡紅人，賺取報酬。父母需小心考慮孩子是否已了解發布有關重要個人資料、照片、訊息的利與弊，他們是否有足夠的成熟度去應對別人的負面留言，不然，父母就要再三考慮孩子應否擁有一部智能手機。

🌑 分析 4： 孩子是否懂得時間管理

眾所周知軟件開發商會想盡辦法讓人們花時間在網絡世界，例如社交媒體會利用演算法吸引人繼續瀏覽「志趣相投」朋友的動態消息；遊戲軟件就利用闖關、技能升級、排名、課金等方法去吸引人遊玩。不少成年人會不自覺地沉迷於各種網絡活動，而對心智未成熟的兒童更是一大挑戰。父母為孩子購買智能手機前，必須考慮他們是否懂得如何分配時間學習與休閒，並已建立責任感執行時間管理，以免日後因使用手機而發生衝突。

🌑 分析 5： 引導孩子使用手機的時間

網絡世界變化迅速，父母需要引導孩子認識網絡安全資訊[註1]，亦要預留時間溝通。當孩子擁有屬於自己的手機後，父母也需要時刻與孩子討論如何應對社交媒體、即時通訊軟件的各項挑戰。過程中，父母需要示範如何做好時間管理，如在進餐時避免瀏覽手機。父母想查看孩子的手機前，先取得他們的同意，尤其就讀高小的孩子，他們開始重視私隱，胡亂查看或會引致衝突[註2]。現時坊間亦有一些書籍，可讓孩子學懂安全和精明上網，在上網前做好準備。[註3]

- 註 1：資訊安全網〈設定孩子們使用互聯網的基本規則〉
  網址：https://www.infosec.gov.hk/tc/best-practices/setting-ground-rules-for-children
- 註 2：資訊安全網〈給家長的一些小貼士〉
  網址：https://www.infosec.gov.hk/tc/best-practices/security-tips-for-parents
- 註 3：Ben Hubbard（2020）。《網絡安全必修課》。王燕參（譯者）。新雅文化事業有限公司。

建議良方

▶如何與孩子協議使用智能手機？

假如父母因為擔心，而強行禁止孩子使用智能手機，孩子未必完全理解之餘，亦會破壞彼此關係。父母可以參考以下幾點來溝通（余鎮洋，2022）：

✿建議1：開放溝通　理解孩子背後動機

父母可以用一個「我不知道」（Not-knowing stance）的狀態，以好奇的心態去探問孩子使用電話的情況，亦不需要急着限制他們的網上活動，宜先了解，那些活動對孩子的重要。可以問問孩子，相片被別人喜歡會有甚麼感覺，進而探索更深層的心理需要。家長亦適宜分享自己的擔憂，抱着開放的心態分享及聆聽。

建議：

父母可以溫柔地問彤彤：「有別人讚好你的影片，你會有什麼感受？有時會否想追求更多的讚好，而想繼續上傳影片呢？」

「你和同學的合照，看起來很愉快，你們都喜歡重溫這些照片嗎？」

✿建議 2： 建立使用社交平台的正確態度

父母可以與孩子共同開設社交平台帳號，由父母管理，直至孩子長大至軟件建議的年齡，才交由子女自己管理社交平台帳號。父母從中可以解釋給孩子知道，為什麼先要由父母管理帳號，在網絡上有哪些潛藏危機，如暴力、色情、欺凌等（UNICEF，2022），以及與孩子分享應對網絡上各種留言的方法和心態，逐步培養孩子在網絡安全上的抗逆力。

建議：

父母可以直接告訴彤彤一些軟件設立的年齡限制，以及網絡的危機。在管理帳號的時候，向彤彤展示與陌生人的對話中，有機會帶來的危險，與彤彤一起練習回應各類的對話。

✿建議 3： 為網絡活動設定限制

在子女明白使用智能手機要注意什麼的前提下，父母可以根據以上的溝通內容與子女訂立契約。比如，可以或不可以在智能手機上進行的活動、子女開放地讓父母了解他們使用智能手機的情況等。同時，父母亦應該盡量解釋限制背後的原因，以及承諾隨着子女的能力越高，年紀越長時，限制亦會越少。

建議：

　　父母可以向彤彤表達，希望她合作的原因，以及建議方法一起執行，例如：「我們想在晚飯時，可以一家人聊天，所以我們都在這個時間將手機放好，專心吃飯聊天。」；「我們擔心手機屏幕的藍光會影響睡眠，所以大家在睡前半小時就關掉手機，可以一起做些伸展活動，然後準備睡覺。」

參考資料

● Petter, O. (2020, February 4). Nearly half of all five to 10-year-olds now have mobile phones, report finds most children own mobile phones by the time they are seven years old. *INDEPENDENT*. https://www.independent.co.uk/life-style/health-and-families/mobile-phones-children-kids-a9308266.html

● UNICEF. (2022, June 23). Violence against children (online). https://www.unicef.org/protection/violence-against-children-online

● 余鎮洋（2022）。〈網絡遊戲成癮〉。載於香港心理學會輔導心理學部（主編），《青春的歷練：20 個青少年成長的心理挑戰》（頁 252-262）。萬里機構。

● 盧金足（2021 年 7 月 3 日）。〈在家線上學習 學生手機購買遊戲點數爭議多〉。《中時新聞網》。網址：https://www.chinatimes.com/realtimenews/20210703002331-260405?chdtv

3.2

機不離手，如何協助孩子建立打機以外的興趣？

 個案分享

▶ **機不離手的梓峰**

　　梓峰是一個剛剛升上小五的 11 歲男孩，性格乖巧、寡言、缺乏主見，傾向聽從他人意見與安排。他的爸爸媽媽需要全職工作，平日主要由公公婆婆負責照顧。每天放學後，婆婆都會接梓峰到公公婆婆家，待爸媽下班過來吃晚飯後，再一起回家。公公婆婆年紀大，不懂現今小孩的興趣玩意，所以梓峰最大的娛樂便是打機。

　　對於梓峰常常「機不離手」玩遊戲的情況，父母早就注意到。奈何爸媽完成一天工作後，少不免自己也想「碌電話」（滑手機），因此很難限制梓峰的遊戲時間。此外，爸媽甚少聽梓峰主動提起在學校發生的事和與同學互動的情況。每當梓峰準備與同學打遊戲機時，他都表現出興奮和期待，從不遲到或早退。遊戲期間不時聽到梓峰的同學互相討論打機策略，間中還稱讚梓峰的技術，但反觀梓峰卻總是默不作聲。

隨着小五呈分試的臨近，媽媽越來越擔心梓峰的學業成績不達標，必須減少他打機的時間。但實行上，媽媽發現遇到極大的阻力。每次到了溫習時間，梓峰總是抗拒學習，嚷着要打機，甚至罕有地與爸媽發生口角和衝突，令爸媽感到詫異，擔心梓峰已經沉迷、打機成癮。

▶當電子產品成為日常必須品

　　正所謂「父母就是孩子的榜樣」，這句話說得不錯。根據社會學習理論（Social Learning Theory），孩子自出生就無時無刻透過觀察與模仿來學習他人的行為，這是成長中重要的學習途徑。

　　例如：幼兒學習使用餐具吃飯、出門前要照鏡子等（Bandura，1991）。然而，現今都市人「機不離手」，爸媽日常借玩手機來放鬆休息、消閒娛樂、打發時間，甚至將電子產品用作電子奶嘴。電子產品不僅是消閒工具，亦成為了育兒的「好幫手」。當梓峰觀察

第
3
章

到父母「碌電話」或打機等行為習慣，並從中得到快樂、滿足感和成就感等正面效果時，梓峰自不然也會模仿他們的行為，傾向於以使用電子產品為樂。

▶建立興趣的三個內在動機

能促使孩子自發而持續地參與特定活動的因素是內在動機（Intrinsic Motivation）。內在動機關乎於人類的心理需求，如好奇心、成就感、個人意義等。相比外在動機（Extrinsic Motivation），如獎賞物質、名利等，內在動機更能讓人投入和享受活動，並在活動過程感到快樂和滿足（Sheldon 與 Kasser，2001）。

美國羅徹斯特大學心理學家 Deci 和 Ryan 在 1985 年提出自我決定論（Self-Determination Theory，簡稱 SDT），強調個人有能力做出選擇，以掌控自身行為和生活。該理論描述人類的三個先天和普遍的基本心理需要（Basic Psychological Needs），分別是自主需要（Autonomy）、勝任需要（Competence）和歸屬需要（Relatedness）（Deci 與 Ryan，1985；見圖 5）。當這些需要被滿足，個人就會擁有較多的內在動機，自發地追求成長與控制改變。

研究發現，這三種需要能預測到研究對象打機時的樂趣及未來的打機行為（Van Rooij 等，2017）。孩子愛打遊戲機有可能是因為打遊戲機這活動滿足了他的內在需要，尤其當現實生活無法滿足這些需要時。

圖 5：自我決定論：人類與生俱來的三個心理需要

以梓峰為例，打遊戲機滿足了他的三個內在需要：

1. **自主需要**：梓峰缺乏主見，自主性一向偏低。但他在打遊戲機時擁有較多自主權，可掌控自己在遊戲中的行為、虛擬角色的造型、遊戲場景等，而且在遊戲中的決定甚少被父母評論和監督。

2. **勝任需要**：遊戲的難易程度通常會根據玩家的能力逐步遞增，梓峰總是成功征服遊戲挑戰。相比在學業上遇到的阻滯，他在遊戲中獲得能力感，亦得到同輩的肯定。

3. 歸屬需要：梓峰寡言的性格或許讓他較難與同輩建立關係，在遊戲中與同學合作達成共同遊戲目標，能產生聯繫感。此外，遊戲中的合作關係比學業上的競爭關係來得更真摯。

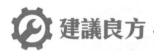 建議良方

▶ 如何協助孩子建立興趣？

明白到孩子的基本心理需要，家長可對應這些需要來協助孩子建立打機以外的興趣，可參考以下三個建議：

⚙ 步驟 1： 評估孩子的內在需要

家長可透過觀察和了解孩子在日常生活中各範疇的表現，例如學業能力、朋輩關係的量與質、個性與體格特徵等，推斷孩子的三個心理需要被滿足的程度，再考慮有哪些興趣活動可回應和照顧其需要。

以梓峰為例，應對他的自主需要，可多鼓勵梓峰按自己的意願選擇打機以外的活動去參與，並引導他自由地編制與興趣相關的事項，如參與活動的頻密程度、興趣目標等。特別針對梓峰缺乏主見的情況，家長可同時慢慢引導他發現和表達自己的內在意願，借助

觀察他的表現加以探索，例如說：「我留意到你跟同學打機時格外興奮，是什麼令你如此興奮呢？」從而讓他意識到令他投入的不單是遊戲本身，而是他的社交需要。

下一步便可應對他的歸屬需要，為梓峰安排要與他人合作的興趣，如團隊運動、制服團隊等，比打機那遙距的人際互動來得真實。至於能力感不足，可協助孩子將興趣目標拆分為多個小目標，透過達成每一個小目標建立其能力感與成就感。若像梓峰一樣未有潛在興趣時，可先將「小目標一」定為每星期體驗一個新活動，「小目標二」定為體驗後感想分享。

⚙️步驟 2：鼓勵孩子接觸各類活動

多讓孩子接觸不同類形的活動（Exposure），有助擴闊孩子的視野，探索與發掘其興趣與潛能。活動形式不只是校內或校外的付費興趣班，還可以從生活着手。家長帶頭做榜樣，放下電話，假日帶孩子外出四處遊覽大自然、博物館、創意市集等；平日在家與孩子一起運動、種植、做手工藝、烹飪等。家長也可以借助孩子機不離手的情況作切入點，分享和瀏覽一些與興趣活動相關的短片，揀選你或孩子想挑戰的活動，邀請他們一起在現實生活嘗試實踐，從被動觀看變成主動體驗。

✪ 步驟 3: 給予孩子正面的回饋

　　培養興趣不應依賴物質回饋，回饋的目標是建立內在動機。家長為孩子安排學鋼琴、劍擊等興趣班，抱有期望是在所難免的。但當家長過度關注孩子興趣的進度、所達水平，那所謂的興趣很有可能變成另一個指標，使壓力掩蓋其內在動機。想培養孩子的內在動機，家長可抱持好奇心，邀請孩子分享他在興趣中的經歷，全心全意地聆聽，表現出你感興趣，適時更可以邀請他做你的小導師，肯定他的能力、投入、耐心鑽研和堅持克服挑戰等，有助個人成長的特點。

　　興趣建立之所以重要，不是因為興趣能為孩子升學帶來正面作用，而是興趣能培養他們面對障礙的毅力、追求進步的自我推動力，以及面對壓力時自我充電的方法。參與感興趣的活動可產生快樂情緒和幸福感，家長在協助孩子建立興趣時，不忘維持個人興趣，與孩子分享你的興趣亦是很有意義的親子活動。

參考資料

- Bandura, A. (1991). Social cognitive theory of self-regulation. *Organizational Behavior and Human Decision Processes*, 50(2), 248-287.

- Ba Deci, E. L., & Ryan, R. M. (1985). The general causality orientations scale: Self-determination in personality. *Journal of Research in Personality*, 19(2), 109-134.

- BaSheldon, K. M., & Kasser, T. (2001). Goals, Congruence, and Positive Well-Being: New Empirical Support for Humanistic Theories. *Journal of Humanistic Psychology*, 41 (1), 30-50.

- Van Rooij, A. J., Daneels, R., Liu, S., Anrijs, S., & Van Looy, J. (2017). Children's Motives To Start, Continue, and Stop Playing Video Games: Confronting Popular Theories with Real-World Observations. *Current Addiction Reports*, 4, 323-332. https://doi.org/10.1007/s40429-017-0163-x

3.3

家長使用電子奶嘴就一定是錯嗎？

 個案分享

▶依附平板電腦的奇奇

奇奇是一位就讀幼稚園的五歲男孩，他富有好奇心，喜歡做手工、砌積木和探索新事物。疫情期間，公司要求媽媽在家工作以減低同事之間的感染風險。在家工作初期，媽媽不僅鎖上房門，還叮囑傭人姐姐不要讓奇奇走近房門，避免打擾她的工作。不過，奇奇不理，還拍打房門，哭鬧起來，更叫嚷：「媽媽都不理我了！」。媽媽曾嘗試打開房門讓奇奇看到她，但是奇奇會不斷跑到媽媽身旁發問，還會拉扯她的衣服、敲打鍵盤，甚至在她進行會議時，在旁邊大聲呼叫，打斷她的工作。

由於在家工作讓媽媽難以平衡照顧和工作的時間，下班後媽媽仍忙於回覆電郵和短訊。每當奇奇不停抱怨：「媽媽你只顧着玩機！」，媽媽感到非常苦惱。一天，媽媽正在和老闆進行會議時，奇奇再次哭鬧，媽媽情急之下便把平板電腦遞給他玩。及後，奇奇靜靜地看着螢幕上那閃爍的動畫畫面，安靜下來了。媽媽發現這種

轉移情緒的方法非常有效。因此，當她完成整天的工作後，她便教導奇奇如何使用平板電腦來觀看兒童動畫和玩益智學習遊戲。媽媽心想，這樣不僅能讓自己喘口氣，更能夠讓奇奇學習更多新知識。當奇奇學會了如何玩平板電腦後，他便時刻拿着平板電腦，不再經常打擾媽媽了。

　　隨着疫情開始緩和，媽媽需要回到公司工作。然而，媽媽留意到當她下班回家時，奇奇不再像從前一樣興奮期待，眼睛只會專注於平板電腦。漸漸地，奇奇越來越依賴平板電腦，他不但拒絕跟媽媽外出參與活動，更減少要求媽媽陪伴砌積木或做手工。面對奇奇的轉變，媽媽既感到無比自責又束手無策，不理解為什麼奇奇會對自己和以前喜歡的活動失去興趣。

▶依賴電子產品安撫孩子的風險

　　在現今資訊科技發達的世代，家長讓孩子使用電子產品作為學習工具已經非常普遍，然而，香港許多雙職家長在下班後仍需要處

理工作和家務，因此常常將電子產品當作「電子奶嘴」來安撫孩子，好讓自己能夠稍稍休息。事實上，過度使用電子產品安撫孩子，是會影響孩子對家長的依附關係，以及親子之間的連繫。

著名英國心理學家約翰‧鮑爾比（John Bowlby）根據他對幼兒和照顧者之間的情感關係的觀察和研究提出了依附理論（Attachment Theory），並指出幼兒和照顧者之間的情感連繫和依附關係對幼兒的情緒和社交發展具有重要的影響（Bowlby, 1979）。幼兒會將主要照顧者視為安全堡壘，當他們有情感需要，例如感到不安全或需要支持時，幼兒會尋求主要照顧者的安慰和支持。如果照顧者能夠及時回應和滿足幼兒的生理或情感需求，孩子就會感到被關心和接納，從而建立穩定的依附關係（Cassidy & Shaver, 2002）。

▶避免與電子奶嘴建立依附關係

當孩子哭鬧卻得不到照顧者的安撫時，孩子可能會因未能感受到照顧者的關注而欠缺安全感，影響親子間的依附關係。以奇奇為例，媽媽在家工作時給他使用平板電腦以安撫他哭鬧的情緒。當她發現這方法很有效時，就開始習慣性地使用「電子奶嘴」來滿足奇奇的情感需要，而非親自給予奇奇安慰和支持。

久而久之，奇奇便會把平板電腦當作一個獲得安全感的物件，

透過使用電子產品來獲得情感需要，用以安慰自己，減低不安感，繼而將平板電腦視為一個依附對象，並對它建立依附關係，慢慢地減少了對媽媽的關注和依賴（Holmes, 2014）。因此，奇奇再也沒有迎接媽媽下班，更漸漸降低跟媽媽交流互動和相處的興趣。由此可見，過度使用電子產品安撫孩子是會影響孩子對照顧者的連繫、安全感及信任感。

🔧 建議良方

　　儘管電腦、手機是現代人生活的必需品，作為家長既要兼顧工作，亦要考慮與孩子的共處時光需要有親切的溫度，孩子便會明白父母才是他們可以依靠的最佳選擇。以下四個建議可供家長參考：

⚙ 建議 1： 以同理心去聆聽

　　幼兒的語言能力尚未成熟，他們通常會使用非語言的方式，例如：哭鬧以表達自己的需求和情感，希望得到家長的安慰、關注和支持。家長回應孩子的情感需要時，要能讓孩子感到自己處身於安全的環境中，進而安心地去探索和學習。因此，當孩子哭鬧時，家長可以透過親密接觸，包括：摸頭、擁抱、拍肩膀、拖手等，讓孩子感到被愛護和被重視。

家長也可以多觀察和聆聽孩子的行為和說話中的感受，聆聽時不給予教導及意見，嘗試以同理心去回應及安撫孩子。例如：當孩子哭鬧時說：「媽媽都不理我了！」，先思考孩子話語背後的感受，然後以同理心去回應：「媽媽整天都在房間工作沒有出來，你一定感到很不安、很掛念媽媽，對吧？」。

　　很多雙職家長無法時刻陪伴在孩子身邊，為減輕孩子的不安和焦慮感，家長可以向孩子預告，教導孩子如何表達自己的負面情緒。例如：讓孩子寫或畫上自己的想法和感受，待家長下班後再跟孩子溝通和討論。

⚙ 建議 2： 家長需自我關懷

　　在育兒過程中，家長大都很努力學習安慰和支持孩子的需要，但卻忘記照顧、善待和鼓勵自己。很多家長經常怪責或批評自己的教養方法，質疑自己未做好父母的責任，而讓自己陷入情緒困局。當家長未能即時、適切地支持孩子的情感需要時，不妨仁慈地給自己多些寬容和理解，跟自己說聲：「我已盡力了，但我會再嘗試的。」或「我不知道該怎麼做才給『電子奶嘴』，再想想辦法吧！」，避免過度責備自己。

　　作為家長，我們能夠接納自己的不完美，才更能體諒孩子。此外，家長多留意自己的情緒也有助理解孩子的情緒需要，讓孩子學會接納和表達情緒，建立社交情緒能力。希望家長明白育兒中的失

敗和困難是每位家長都會經歷的，而不是個人獨有的經驗。家長也可以多跟其他家長交流育兒經驗，感受同行的力量，明白育兒之路雖不平坦，也不孤單。

建議 3： 有質素的陪伴時間

在幼兒階段，孩子需要家長的關注、陪伴和支持，才能發展信任和安全感。幼兒擅於觀言察色，容易感受到父母是否在關注自己，因此，家長在陪伴孩子時宜盡量放低手機，避免「身在，心不在」，將注意力全情投入於孩子，讓孩子感到被尊重，建立安全感。

除此之外，當孩子願意跟家長分享日常生活時，家長宜避免集中於了解事件的內容，甚至「潑冷水」，急於教導或批評孩子，這樣會影響孩子跟家長分享日常的意願。家長可以聆聽孩子在事件的感受和想法，肯定孩子在事件展現了的性格和強項，從對話中讓孩子感受到家長的欣賞與接納。

此外，每星期抽至少半小時跟孩子進行「特別的親子遊戲時間」，在遊戲時不加批評、指引、教導，全神貫注地陪伴孩子玩玩具，能讓孩子感到被家長重視與關注，促進良好的家庭氛圍，從而建立安全的依附關係。

✿建議4: 適當使用電子產品

家長可以設立使用電子產品的時間限制，適度地讓孩子使用電子產品，並確保孩子觀看的內容是否合適。家長亦可以跟孩子討論和讓他們理解過度使用電子產品的影響。注意，家長應以身作則，減少使用電子產品，尤其是在與孩子互動、孩子需要關注、進食或準備睡覺的時候，均避免使用電子產品，向孩子樹立良好的榜樣。此外，家長可以多鼓勵孩子進行其他活動，例如共同閱讀、做運動、玩桌上遊戲或樂器，幫助孩子減少依賴及使用電子產品的時間。

小結：

在現代社會中，電子產品已成為日常生活中不可或缺的一部分，使用電子產品來獲得資訊、工作、甚至學習實在是無可避免的。然而，過度使用「電子奶嘴」來安撫孩子，會對孩子的身心健康和親子關係造成負面影響。

謹記：電子產品永遠不能取代家長在孩子成長中的依附關係，家長的同理了解、傾聽陪伴及關注支持才是安撫孩子的良方呢！

參考資料

● Bowlby, J. (1979). The Bowlby-Ainsworth attachment theory. *Behavioral and Brain Sciences,* 2(4), 637-638.

● Cassidy, J., & Shaver, P. R. (Eds.). (2002). *Handbook of attachment: Theory, research, and clinical applications.* Rough Guides.

● Holmes, J. (2014). *John Bowlby and Attachment Theory.* Routledge.

● Hood, R., Zabatiero, J., Zubrick, S. R., Silva, D., & Straker, L. (2021). The association of mobile touch screen device use with parent-child attachment: A systematic review. *Ergonomics,* 64(12), 1606-1622.

● Lathren, C., Bluth, K., & Zvara, B. (2020). Parent Self-Compassion and Supportive Responses to Child Difficult Emotion: An Intergenerational Theoretical Model Rooted in Attachment. *Journal of Family Theory & Review,* 12(3), 368-381.

● Stern, J. A., Borelli, J. L., & Smiley, P. A. (2015). Assessing parental empathy: A role for empathy in child attachment. *Attachment & Human Development,* 17(1), 1-22.

孩子看網上影片後信以為真，甚至模仿片中行為，家長如何應對？

 個案分享

▶ **模仿爭吵片段的美美**

　　美美是一位 5 歲的幼稚園學生，家中有一個 2 歲的妹妹。媽媽每天都忙着照顧她們，分身乏術。有一天，媽媽正在廚房準備晚飯，美美和妹妹在客廳玩耍，媽媽突然聽到妹妹的叫喊聲，便馬上前往了解兩姊妹的狀況。看到妹妹哭着跌倒在地上，一邊指着美美說：「姐姐很大力！我跌倒！」，媽媽問美美發生什麼事，美美解釋說：「妹妹走過來拍打平板電腦，螢幕便關上了，明明我就在看卡通片！」，媽媽因趕着回到廚房繼續煮湯，便命令美美不要再跟妹妹爭吵，作為姐姐要遷就妹妹，並指責她推跌妹妹，是她不對。

　　美美心有不服，輕聲的在媽媽轉身後，用粗言穢語責怪媽媽，本以為媽媽聽不到，誰不知媽媽全都聽到，並激動地轉身要求美美道歉，美美更感不甘。結果大家在晚餐時都顯得面有難色。事件發生後，媽媽不禁感到內疚又生氣，反問自己是不是對美美管教不足。

此時，媽媽想起美美在空餘時間經常使用平板電腦看卡通片，於是她馬上查看平板電腦的瀏覽記錄，發現美美於上星期觀看了多個途人在街上爭吵的片段。

▶令人防不勝防的教材

數年前在香港，網上出現一個由外國引入的恐怖影片系列。在影片中，外貌令人毛骨悚然的角色會鼓吹孩子完成一些由淺入深的危險任務，例如要求孩子偷食家中藥物、玩弄廚具，甚至走進焗爐等等。片中還會恐嚇孩子，如果告訴家長的話，那些可怕的角色會找上孩子並傷害其家人。

▶小心孩子被網上不良影片教唆

在外國曾經出現一個案例，孩子被教唆自殘，最後不幸身亡，事件讓人痛心。這些恐怖片段經常在孩子觀看網上的卡通片時，以

廣告插入方式突然呈現，令孩子及家長防不勝防。當時這事件引發全球家長的恐慌，擔心孩子會被教唆。

　　除了這種極端恐怖的片段，網上還有五花八門的資訊，有些是虛構的，有些是真實的。這些海量的資訊往往讓成人難以辨別真偽，更何況是那些正在學習成長中的孩子。對家長來說，如果孩子在網上因而學會了一些不良行為，那實在令人非常擔憂。

 ## 心理學分析

▶三大因素令孩子相信網上影片

💿分析 1： 年齡和發展階段

　　幼稚園至初小階段的孩子，其認知和判斷能力屬於剛發展階段。根據瑞士心理學家 Jean Piaget（1952）的認知發展理論（Cognitive Developmental Theory），指出孩子在 2 至 6 歲前，處於學習語言運用的前運思期（Preoperational Stage），意即未能理解具體的邏輯思維；心理上，未能善用資訊去協助思考及明瞭別人的觀點，以自我為中心，因此欠缺對事物的全面性了解。7 歲後，孩子進入具體運思期（Concrete Operational Stage），才開始運用累積的經驗配合思考的思維，明白具體的事件及心理運作，但仍未能了解假設或抽象概念。因此孩子面對眼前的網上影片時，他們無法辨認行為的適切度和背後動機，較直接地接收片中的內容。

🌑 分析 2: 親自取得網上影片的互動

根據 2022 年一個中國及美國大學的聯合研究（Tong 等，2023），提出如果資料是由孩子獨立地取得的，就像孩子進行了實驗得出的第一手結果，是影響孩子相信該資料的重要因素，這現象稱之為自我說服傾向（Self-agency Bias）。而且自我說服傾向尤其會在孩子面臨資訊模糊不清的環境下變得更加強烈。

另外，根據認知心理學家 Lev Semyonovich Vygotsky 的社會文化理論（Socio-cultural Theory, 1978），兒童思維歷程是內化社會互動，並將以運用，所以在與他物互動中，孩子更能吸收智慧和經驗。Tong 等人的研究（2023）證明了有互動功能的平板電腦不只限於回應孩子的指示，也讓孩子參與及操控資訊的過程，更得到觸覺的反饋，這種互動令孩子對得到的資訊的信任度增加。

🌑 分析 3: 資訊呈現的方式

網上環境也符合了另一個令孩子更容易模仿的條件。在社會學習理論（Social Learning Theory）中，美國心理學家 Albert Bandura（1977）提出觀察（Observation）在孩子學習過程中佔據着極其重要的位置，還有模仿（Modeling）及口頭述說（Verbal Instructions）。網上的資訊以各種形式呈現，包括影片、相片、聲音等等。資訊呈現的方式透過孩子的觀察，使其更容易吸收當中的訊息。

應對方法

▶引導孩子正確使用網絡的三個應對方法

雖然促使孩子相信網上影片的因素不少，但家長可參考以下應對方法，引導孩子正確使用網絡，提高孩子的認知和判斷能力，幫助他們避免不良行為，並促進其健康成長：

◎方法1：避免責備及激烈反應

當孩子模仿網上行為後，他們未必知道自己的行為帶來的影響，家長應避免當下責備孩子，讓自己情緒平靜時再與孩子討論其模仿行為；家長亦可以將這事視為了解及教育孩子的好機會。如果在孩子未能了解自己行為時，卻面對家長過激的反應，孩子可能會繼續模仿行為以尋求刺激，或過度抑壓自己的感覺和想法。這些反應都不利於孩子對自己的行為有所理解，甚至可能會影響其情緒表達能力的發展。因此，家長應以平靜的態度來應對。

例如：媽媽聽到美美的粗言穢語後，反應激動，可能令美美因不想受到更多責備，於是順應媽媽的要求而道歉，隱藏自己的想法，但卻無助於美美理解自己行為帶來的不利。

✅ 方法 2： 理解模仿背後原因

承接上一部分的心理學理論分析，在幼稚園至初小階段，孩子對於資訊的處理、思考以及理解別人觀點等能力仍在發展階段。因此，家長應該和孩子一起探討，了解影片中有什麼部分吸引他去模仿。這種理解對家長而言，是一個認識孩子能力、性格、喜好或潛能的機會。此外，被孩子模仿的行為可能有其動機或功能，例如發洩情緒、吸引注意力等等，家長可藉此嘗試進一步深入了解孩子需要的情感需求。

如果孩子年紀較小，未能完全用說話表達，家長可以透過玩具、繪畫、故事等方式引導他們去表達。當家長與孩子進行深層次及高接受度的溝通後，孩子模仿的行為便不只是對錯的問題，而是能讓家長更加深認識孩子的成長所需。

例如：媽媽冷靜後，利用玩具「重演」美美與妹妹爭執的情景，美美告訴媽媽自己看到途人爭吵的影片時，較強勢的一方較容易得到別人的遷就，所以與妹妹爭用平板電腦時，就嘗試利用在片中看到的行為希望獲得遷就。而且因為未能得到媽媽的諒解，就說出粗言穢語。媽媽了解到美美真正需要的是別人的體諒，明白美美覺得在家中自己的聲音未有被聆聽，經常要遷就妹妹，媽媽和爸爸便嘗試平均地分配與美美和妹妹相處的時間。

⊘方法 3： 建立「過濾眼鏡」

　　隨着全球互聯網的普及，家長和孩子難以避免接觸網上世界。因此，家長應該幫助孩子培養一個較長遠的能力，這就是和孩子一起建立一個專屬於他，在使用互聯網時的「過濾眼鏡」。這副「過濾眼鏡」是用來提醒孩子，每當他到網上世界時，需戴上一個能夠審視資訊對自己有何影響的「鏡片」。家長最好可以和孩子模擬戴上眼鏡的動作，甚至穿上「過濾服裝」保護全身，利用儀式以增強孩子的記憶，促進習慣的建立。

　　這副「過濾眼鏡」的準則可包括兩點：(1) 家長可透過跟孩子搜尋一些網上出現錯誤資訊的證明（History of Inaccuracy），讓孩子了解到雖然互聯網是尋求資訊的地方，但並不等於所有資訊都是正確的。(2) 內容的社會恰當性（Social Appropriateness），透過增加孩子的社會情景處理經驗，例如閱讀書籍、欣賞電影、觀察日常生活等，豐富孩子的資料庫，鞏固「過濾眼鏡」的效用；為日後接收資訊時，能作出適合自己的判斷。

　　當孩子建立了「過濾眼鏡」後，家長不妨跟孩子再次觀看那段被孩子模仿的影片，並且鼓勵孩子指出該影片內的不良行為的影響，以及其他可取代片中的行為，讓孩子體驗正面重新學習的過程。

例如：當建立了「過濾眼鏡」之後，美美明白到片中推撞行為及粗言穢語會令人反感，不但不能解決事情，更會令與媽媽的關係變差；媽媽也鼓勵美美多留意同學及老師處理爭執的情景，從中美美了解到，有不和時，應該清楚表達自己的意願，互相遷就或尋求老師的協助。

小結：

家長也可以採取網上措施，例如使用網站的兒童模式，讓孩子更安全地使用互聯網。其實，家長才是孩子面對世界的過濾網，家長不妨利用上網的時間和孩子多多交流吧！

參考資料

- Bandura, A. (1977). *Social learning theory.* Prentice-Hall.

- Piaget, J. (1952). *The origins of intelligence in children.* International University Press.

- Tong, Y., Wang, F., Danovitch, J., & Wang, W. (2023). Children's trust in image-based online information obtained on their own or relayed by an adult. *Computers in Human Behavior, 141,* 107622.

- Vygotsky, L. S. (1978). *Mind in society: The development of higher psychological processes*. Harvard University Press.

第4章
朋友社交篇

隨着語言及情緒的發展，
幼兒及兒童在社交上從只顧自
己玩，漸漸已開始與其他人
有互動。但這發展步伐卻非必
然，因爲有些孩子有分離焦
慮、欠缺自信，又不善表達，
家長要細心觀察，讓孩子增強
社交能力，爲日後建立成功的
人際關係打好基礎。

友誼永固 化解欺凌

「我寧願和朋友在黑暗中行走，也不願在光明中獨自一人。」
海倫·凱勒

自小失去視力和聽力的作家海倫·凱勒，曾被人問及是否希望重見光明，她毫不猶豫地說出以上的話。我們有否試過在黑暗中感到害怕？遇到困難時，可曾感到孤獨恐懼？如果有的話，大家應該能夠理解作家的意思。朋友在身邊陪伴自己面對難關，使我們感到更加安心和勇敢。

▶ 教曉孩子朋友的重要性

在我們的生命中，朋友佔着不可或缺的一席位。朋友分享我們的喜悅和悲傷，幫助我們克服困難；在需要的時候，給予支持和幫助。擁有友情的人，不僅會感到快樂和幸福，也會感到更加自信和堅強。有着好朋友，令人有連繫感，從中讓人得着安慰和互信；知己好友的連結也像一個「安全網」，讓我們感到受保護，有安全，有信心。與好朋友相處的經驗，也是孩子在成長過程中，心理上重

要的支持和正面鼓勵。作為家長，我們可以怎樣教曉孩子珍惜友誼，與朋友和睦相處呢？

分辨開玩笑與欺凌

在孩子的成長和社交發展之中，多多少少都會經歷到「欺凌」這課題。孩子約在小學階段，就開始有三五成羣、甚至「聯羣結黨」的朋輩圈子概念。朋友間會一起遊戲、說笑，繼而會互相拿同學來開玩笑或取笑。

「開玩笑」之目的，該是令雙方都可以輕鬆一下，無傷大雅。但是，當玩笑越開越過份、甚至開始針對某些較弱小對象的話，就可能成為一種肆意的恥笑、欺凌。作為家長，可以跟孩子細心講解「開玩笑」與「取笑／恥笑／嘲笑」之間的重大分別，其意向和結果，也大大不同，詳細內容可參看頁 140 的表 4。

開玩笑	取笑／恥笑／嘲笑
適當的時間和場合	不適當的時間和場合
熟悉的關係	敵對的關係
語氣是幽默、輕鬆和友善的	語氣是挑釁、有嘲諷或諷刺的意味
氣氛良好、關係和諧	氣氛沉重、關係緊張
雙方也感到有趣並一笑置之，無損友誼	雙方會不歡而散，其中一方會受到傷害
過程中互相尊重、信任和重視對方感受	目的為顯示自己的權力和優越感，漠視對方的感受

表 4：「開玩笑」與「取笑／恥笑／嘲笑」的分別

▶學習體察別人感受

在建立孩子的同理心，人際關係的過程中，他們需要學習去了解、體察別人的感受。最簡單地說，就是「不要將自己的快樂建立在別人的痛苦之上」。培養同理心（Empathy）、慈悲之心是孩子成長的重要一課。

例如，孩子看見朋友跌倒，覺得很滑稽！第一秒他可能覺得很好笑。但是，孩子下一步可會想到：「朋友有受傷嗎？怎樣可以幫他站起來呢？我可以幫忙嗎？」鼓勵家長不妨跟孩子開放地討論當中的細節和態度。

▶ 運用漫畫角色作比喻

相信無論男女老幼，都喜歡《多啦A夢》（前名為《叮噹》）這齣卡通：可愛的機械貓、百寶袋、隨意門。故事中懶洋洋、軟弱的大雄，考試測驗、體育、音樂一概零蛋，終日被同學欺負；幸好得到來自未來的機械貓「多啦A夢」的幫助。如果筆者將大家熟悉的童趣卡通，演繹成經典的「校園欺凌」事件，結局又會怎樣呢？我們從中可以得到什麼靈感呢？

被欺凌者： 欠缺自信的大雄

大雄總是無自信、是失敗者、常被欺負⋯⋯如果我們發現身邊的孩子是一個被欺凌的弱者。首先，我們最不該做的，就是反過來責怪他們：「是你沒用才會被人欺負！」。「責怪受害者」（Blame the Victim）只會給受害者留下更深的傷口。當孩子不被理解、未能處理委屈、怨恨，日後可能會演變成情緒問題、性格缺陷，甚至日漸成為另一個欺凌者、欺負比自己更弱小的人。另一極端，是成年人禁不住要為孩子出頭，以權力和身分去找欺凌他人的孩子。這樣的話，孩子只會學懂以牙還牙、有仇必報⋯⋯

鼓勵孩子說出所感受的情緒

當孩子被欺凌時，筆者建議大家首先幫助孩子向信任的人表達出事情的由來，說出他們在過程中的經歷和感受：是委屈？憤怒？

想報復？如果孩子未能用說話表達，也可以用畫畫、文字、圖卡、漫畫對話（Comics Stripes Conversation）（Glaeser, 2003）、布偶等多元的表達方法。

然後，家長可以和孩子一起商討，如何處理才是更好的方法。筆者一般會和輔導個案的孩子一起製作一些「防欺凌輪盤」（Teasing Wheel of Strategies）（Senn, 2006），讓他們可以在掙扎舉報與逃離欺凌事件中，有多些不同的選擇。求助的方法有很多，大家需要引導孩子去思考的，是協助他們建立一扇有效的「求生門」，讓孩子知道，無論是什麼情況，總會有出路；無論遇上什麼問題，總有願意與他們同行的人。

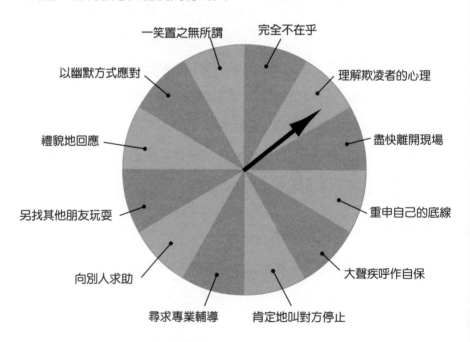

圖 6：防欺凌輪盤（Teasing Wheel of Strategies）

欺凌者： 恃強凌弱的胖虎

　　胖虎牛高馬大、恃強凌弱……除了身體上的欺凌，他還會用言語中傷、嘲笑、作弄朋輩，令人苦惱。今時今日，網絡上的惡意欺凌也很常見；也許，我們會以為所謂「處理」欺凌者，就是懲罰、停止他的惡行。其實，欺凌者本身也很需要專業的輔導和協助。

　　第一步：我們一般會先詢問欺凌者：「你試過被欺負嗎？第一次被欺凌的情況是什麼？」很多欺凌別人的孩子，其實都曾被欺負、甚至有可能曾被粗暴對待，不懂得處理情緒和創傷，轉而欺負別人。

　　第二步：可以再問他：「嘲弄／欺負別人時，你感覺如何？」孩子或者會說：「好笑！暢快！」、「是他自討苦吃！」、「我勝過他，感到滿足！」仔細聆聽孩子在欺負別人的過程中所得的「快感」和「滿足感」。

　　第三步：我們可以分析：為什麼孩子沒有在其他健康的途徑去獲得這些滿足感？要感到自己是強者的心態從何而來？事實上，胖虎又何嘗不是被媽媽從小打到大，才以暴易暴呢？

　　第四步：認真地問他：「你感覺到有人在關心你嗎？」有時候，面對較為橫蠻的孩子，這問題會觸碰到問題的核心。原來他們在被忽視，被冷落，便以欺凌或討別人便宜、嘲笑別人，獲得注意和權威。

旁觀者： 敢怒不敢言的小夫

　　大家有留意到嗎？在《多啦Ａ夢》卡通片中，除了大雄、胖虎，還有一個小人物，也許觀眾未必覺察他的存在，但「他」卻是欺凌情況中的絕大多數！既不是恐武有力、無惡不作的欺凌者，又不像大雄那樣，又笨又弱小。他最常扮演的角色，就是冷眼旁觀、拍掌贈慶的「旁觀者」(Bystander)。然而，他搧風點火、知情不報，往往令到可憐的大雄被欺負得更慘、令恃強凌弱的胖虎更為放肆！

　　社會心理學（Social Psychology）有一術語：「旁觀者效應」（Bystander Effect）；它是於 1968 年由兩位社會心理學家 John Darley 及 Bibb Latane 在美國紐約大學研究及觀察所得，是個極為危急卻現實的情形。當受害者需要幫助時，如果只有一、兩個旁觀者，他們大都感到有責任挺身而出、伸出援手。但是，如果旁觀者越多，羣眾往往對於有需要幫助的人，反應就會較冷淡；因為人人都認為其他人會承擔更多責任，這就會出現責任分散（Diffusion of Responsibility）的情況。

　　因此，在小朋友或青少年圈子中發生的欺凌事件，很多時也很大可能是因為受到朋輩（Peer Pressure），或因膽小怕事、猶豫、心虛，年青人未能建立強大的自我形象和意識，便不願意對抗欺凌者，甚至，在這媒體盛行的世代，有人受傷、受害了，大部分人都做了「實地記者」，即時出現圍着拍視頻、拍照的場面。

筆者在此創作了四句口訣，讓家長們可利用「三個注意」的方法來教曉孩子分析各種局面，培養他們成為一個勇敢、有正義感的人。

- 留意：提高警覺，留意身邊有機會出現的各種危機或欺凌事件。
- 心意：理解當事人的感受，運用同理心去關心對方。
- 決意：分析自己的能力和情況，判斷對錯，必要時要向成年人求助。

結語：

學習去交朋結友，是孩子成長過程中的必經階段；種種與朋輩的人際問題和爭執，也是讓孩子好好學習的機會。然而，友情必須是對等的、彼此尊重的，在與朋友的相處過程中，孩子需要學習去觀察、了解他人，在遇到不同的意見和情況時，也能夠以友愛、非暴力的方式去處理。

良友關愛為成長路添能量

孩子的社交也是他們日後在社會中面對種種人際關係時的縮影。在小時候學會跟他人和睦共處、有效溝通、擁有同理心、互助的精神，有助孩子成長為正直、良善、有安全感和自信的人。在人

生中的不同階段，當有需要時，也能夠獲得良友去陪伴渡過。

　　本章節將涵蓋有關孩子和朋友社交相關的課題，當中包括如何和朋友分享、建立同理心、自我概念、與朋友爭吵、分離等，專家作者會利用各種實況故事作引子，闡明孩子在以上場景中面對的心理爭扎，並深入淺出地剖析不同的開導方法，以助家長運用不同技巧引導孩子和朋友建立友誼。

參考資料

- Darley, J. M., & Latane, B. (1968). Bystander intervention in emergencies: Diffusion of responsibility. *Journal of Personality and Social Psychology*, 8, 377-383.

- Glaeser, B. C., Pierson, M. R., & Fritschmann, N. (2003). Comic Strip Conversations: A Positive Behavioral Support Strategy. *Teaching Exceptional Children, 36*(2), 14-19.

- Senn, D. (2006). *Creative Approaches for Counselling Individual Children in the School Setting book*. YouthLight.

4.1

如何建立子女的同理心?

與表弟爭玩 iPad 的芊芊

「你有否考慮過別人的感受?!整屋的親戚坐在這裏,並不是你歡喜就可以任意妄為,爭玩還要隨便發脾氣!你覺得自己發脾氣大吼大叫,爭贏了很威很厲害嗎?!⋯⋯為什麼你就不可以讓表弟先玩呢?你是表姐,玩遲一點,那部 iPad 會壞掉嗎?我們又沒說不讓你玩,你這樣就大家都不要玩了⋯⋯」

聽着媽媽訓斥,8 歲的芊芊默默低着頭,一言不發,坐在一旁的親戚都不敢多言。事源今天芊芊一家和其他親戚到姑媽家聚會,芊芊因為表弟不讓她參與網上遊戲而和表弟搶奪 iPad,又破口大罵。媽媽因為芊芊的無禮而感到生氣又尷尬,便立即當眾教訓芊芊。

認清孩子能否管理好情緒

爭執乃小朋友甚至是成人平常不過的日常,媽媽指出芊芊的錯誤也是源於希望她能學懂管理自己的情緒和行為。然而,此刻的芊芊,是否真的因為媽媽的訓斥而「當頭棒喝」?反思自己的行為之

餘，又記得「考慮別人的感受」、「讓表弟先玩」、「不亂發脾氣」？

　　近年在不少家長的反饋中都會聽到希望自己年幼的子女學會有同理心，懂得為別人設想，然而，對這種同理心的教育，卻附之以各種生硬直接的言語去灌輸，或強行「孔融讓梨」式的實行。在搶奪 iPad 和破口大罵之前，芊芊或許已因表弟不讓她參與網上遊戲而納悶、煩躁、氣結；而在衝突後，不但沒有玩到遊戲，還被媽媽當眾訓斥，當下芊芊會有什麼感受？感同身受、易地而處、換位思考……但如何落實執行？

　　父母在教導和培養子女的同理心之際，應是以身作則，為子女展示同理，願意了解並回應子女的感受，再協助子女分析在場景中可以怎樣處理。

 ## 心理學分析

▶ 以身作則展示真誠的同理

　　同理心，又稱為「共情」，乃人際相處和溝通中重要的元素。人本主義心理學家（Humanistic Psychologist）卡爾‧羅傑斯（Carl Rogers）指出，同理心是正確地理解另一個人於內在世界中的經歷，包括情緒和與之相關的表達，就如同你是那個人一般。但同時，你也時刻記得，你和他還是不同的；你只是理解了那個人，而不是成為了他（Rogers, 1959）。「因為自己淋過雨，總想給別人撐把

傘。」，同理心是個人由心而發的，設身處地去體驗他人的感受和處境，對他人的心情、狀態和感受具有真切的理解，並非因逃避負面結果，例如被他人標籤為「自私自利」；或因獲得外在的嘉許，例如被別人讚美為「善良」、「體貼」等，而營造出來的行為。

中國人社會傾向重視家庭和諧，「大要讓細」，不少父母會時時提醒子女在外要尊長愛幼，卻往往只着重行為結果而忽略了子女的感受。同理是理解和共情，並不代表為顧全大局而委屈自己成全他人。學習了解和表達情緒是成長重要的課題，早在上世紀八十年代已有學者提出父母在教養過程中，若不積極鼓勵子女感受自身情緒，會很容易阻礙他們的同理心發展（Goldstein 與 Michaels，1985）。

身教比言教更有力量，故事中媽媽要芊芊「考慮別人的感受」，原意是引導她分析可以透過協商與討論和表弟分配玩 iPad 的時間，同時希望芊芊在發生衝突時可以正確的表達自己的情緒，而非當眾發脾氣。然而，媽媽卻以訓斥和批評去教育。我們看到的行為，其實都是內心需求與感受的表達。媽媽的做法顯然只針對芊芊的行為，並未能同理她的感受，更遑論可啓發她同理別人的能力。較為合適的策略是，媽媽先展示出自己有重視過女兒在事件中的感受，再引導她去了解自己和表弟，從而學懂更成熟地處理衝突。若想了解同理心是如何的操作，可以參看頁 150 的表 5。

	沒有表達同理心	表達具同理心
例子	1.「你覺得自己發脾氣大吼大叫，爭贏了很威很厲害嗎？！」 2.「為什麼你就不可以讓表弟先玩呢？」	1.「剛剛我看到你和表弟都想玩 iPad，但是協調不了。他不讓你玩令你感到很無奈、委屈，或者有點生氣吧。這些情緒是非常合理的，你是這樣的感受嗎？」 2.「但是有這些情緒也不代表一定要強行搶奪表弟的 iPad 和發脾氣。我相信表弟和你一樣很想玩才會不讓你參與吧！大家都想玩，可以怎樣解決？我們一齊想想在大家一起聚會的時候，如果發生這些讓你不開心和生氣的事時，有沒有其他可以更好地處理，和更有效的表達你要求的方法……」
分析	以自己角度去訓斥，批判當事人的行為，完全沒有回應和體諒當時的情緒和感受。	1. 聆聽者表達了理解由場景引發出的情緒，願意採取不批判的態度接納女兒有這些情緒，並協助她覺察和認知不同的情緒。 2. 先疏導女兒的情緒，後再引導她跳出自己的角度，嘗試站在不同角度去了解別人，繼而想出更合適的處理方法。

表 5：表達同理心的方法

教育子女應用同理心的五大要點

1. 以非批判的態度去聆聽

　　「同理心的最佳表達，是接受和不加批判」(Rogers, 1951)。個人正在經歷的每一個感受、困擾和情緒，在當下都是真實的，由不得別人來否定，亦不會因別人的否定而消散。每一個情緒皆有其意義和反映出內心的需求，即使父母未能認同子女的某些行為，也可給予子女充足的時間和空間，讓他們表達自己當時的想法與感受。

　　聆聽時可注意對方的非語言表達，例如語氣、語速、面部表情和肢體語言，以開放式提問，先讓子女完整地說完句子，避免一開始便採用批評式教育。

2. 接納和尊重孩子的情緒

　　先回應情緒，再處理事情。能夠展示同理心的核心是理解和回應，同理不代表鼓勵和支持不合理的行為。在先積極聆聽後，父母可以回應子女的感受和想法，例如簡單的覆述內容：「我聽到你說……」、「剛剛你表達了……」和回應情緒：「這樣的情況讓你感到……」、「你感到……是因為……」，這樣回應可表達出理解對方的處境，和體會到對方的情緒。

3. 鼓勵孩子表達個人感受

同理心是結合了識別、理解和感受別人的能力，擁有由心而發、共情的能力和意願，必須要對感受有相當的覺察力。父母可以從小在教育孩子時多描述情緒與感受，對於幼齡兒童，在遇到不同的真實場景中，父母也可代為描述孩子當下的感受。

例如：「今天你忘記了帶筆袋，要問同學借筆，有一點不好意思和尷尬。」、「別人沒有得到你的同意就吃了你的零食，免不了有些生氣和厭煩。」、「第一次參加大型的比賽，有點期待、興奮或是緊張都是常見的。」

父母可以在看電影、看故事書時與孩子討論不同角色的內心世界，在孩子的生活中協助他們整合事件與其引發出的感受，多分享自己在日常工作或生活上的感受與情緒，慢慢地孩子便可以更真實地學習、覺察和思考。

4. 運用幻想法

與其直接指責和教導，我們可以嘗試在處理好孩子的情緒後，引導他們幻想在同一場景，以其他人的視覺出發，去解說不同角色和身分有可能產生的情緒。幻想法有助孩子從多角度去感受，增加他對其他人感受的認知。例如，媽媽可讓芊芊想像一下，以表弟的年齡和認知，他面對這個情況，可能會出現怎樣的表達和情緒？

5. 與孩子一同反思和討論

　　假若年幼的孩子未能完全體驗或掌握別人的感受，家長可理性協助他們從不同角度去分析事件，告知他們除了自己以外，其他人可能出現的感受與想法。預留足夠的時間和抱持開放的態度，邀請子女一同去反思與討論，鼓勵子女表達自己的感受之餘，也能體會別人的感受。

參考資料

- Goldstein, A.P., & Michaels, G.Y. (1985). *Empathy: Development, Training, and Consequences* (1st ed.). Routledge. https://doi.org/10.4324/9781003165095

- Kohut, H. (1984). *How Does Analysis Cure?* The University of Chicago Press.

- Rogers, C. R. (1951). *Client-Centered Therapy: Its Current Practice, Implications and Theory.* Constable.

- Rogers, C. R. (1959). A Theory of Therapy, Personality, and Interpersonal Relationships: As Developed in the Client-centered Framework. In S. Koch (Ed.), *Psychology: A study of a science. Vol. 3: Formulation of the person and the social context* (pp. 184-256). McGraw-Hill.

- 方婷（2021）。載於香港心理學會輔導心理學部（主編）。《心理學家的工具箱：疏導負面情緒的 10 大溝通法則》（頁 37-43）。萬里機構。

4.2

改花名是大事，還是小事？

個案分享

▶被改花名的卓嵐

　　上班途中，媽媽的手機突然響起，眼見來電顯示為「卓嵐的學校」，已心感不妙。每次收到學校的來電，媽媽總是懷着忐忑的心情接聽。話筒傳來班主任的聲音。

　　班主任：「喂，卓嵐媽媽，你好。」

　　媽媽：「喂，班主任，你好。是卓嵐在學校裏發生了什麼事嗎？」

　　班主任：「卓嵐今天在學校裏比平常文靜，大半天沒有說話、跟同學沒有任何交流；我便上前關心一下，怎料他突然大哭起來。由於他的情緒不穩，我便安排學校輔導員跟他會面傾談。經輔導員悉心的陪伴和了解後，原來是有數位同學在小息時不斷以卓嵐的花名稱呼他，卓嵐為此感到困擾及不快。」

　　媽媽：「謝謝告知。請問卓嵐現在的情況如何？」

　　班主任：「他的情緒已經平穩了，但看似十分疲累。請問你方便早點過來接卓嵐回家休息嗎？」

媽媽：「好的，我盡快過來，謝謝你。」

掛線後，媽媽便馬上跟公司請了半天假，然後到學校接卓嵐。

回家路上，媽媽突然想起上星期跟卓嵐的一段對話。

媽媽：「卓嵐，你今天在學校過得好嗎？」

卓嵐：「不好！丁逸晞今天改我花名，他叫我『矮冬瓜』，我
　　　　很生氣。」

媽媽：「哦，是嗎？我想他只是跟你開玩笑而已，不是故意取
　　　　笑你。」

卓嵐：「但我真的感到很生氣。」

媽媽：「大方點吧，別計較。」

▶ 孩子看重就難以不計較

原來，改花名一事始於上星期。當時媽媽認為是小事一樁，只作了簡單回應，並沒有將此事放在心頭。顯然，「矮冬瓜」這個綽號是按照卓嵐的體型而起的，他個子小小，伴着一個小肚腩。

其實，卓嵐已非首次跟同學發生小衝突。媽媽回想，自卓嵐升小學這大半年，偶然會跟自己訴說在學校裏與同學的不快經歷，包括：同學甲沒有得到他的允許便吃他的零食、同學乙故意將他的鉛筆放在失物箱裏等等。媽媽每次都不以為意，認為是孩子之間的胡鬧，總是輕輕帶過便算了；不是叫他「別理會」，就是叫他「別計較」。沒想過今天竟然會收到班主任的來電。

▶改花名有沒有問題？

在孩子建立自我認知的過程中，名字扮演着非常重要的角色。研究指出，一個人對其名字的喜歡程度與其自尊感的高低有着密切的關係（Azami et al., 2022；Bryner, 2010；Gebauer, et al., 2008）。在個人層面上，一個正面的花名令孩子感到被接納和欣賞，從而提升個人的自尊和自我評價。在團體層面上，正面的花名有助加強組員之間的凝聚力，並維持羣組的團結性，對孩子的社交發展有一定長遠而正面的影響 （Bowles, et al., 2009）。

反之，負面的花名為孩子帶來一些不良的心理影響。在個人層面上，被冠以負面花名的孩子容易感到被排斥和嘲笑，導致其自尊心低落，繼而發展不利的自我認知。 在團隊中，負面的花名拉遠了組員之間的距離、加深隔膜，從而減低團隊的凝聚力及團結性。這些不快的經歷為孩子蒙上陰影，長遠並持續地影響他們在各方面的發展。我們的名字有可能影響我們的行為、外貌、職業、生活選擇及受歡迎程度。

值得留意的是，花名不但會影響被改名孩子對自身的感覺，也會促使其他人以特定的方式看待該孩子，並影響他日後成為一個怎樣的人（Bowles et al., 2009）。改花名究竟有沒有問題呢？我們除了要着眼於改名者的動機和用意，更應顧及被改名者的意願和感受。畢竟每個孩子的背景及經歷不同，一個在大眾眼中被視為可觀

或討好的花名，在當事人眼中可能已有不一樣的體會。由此可見，花名是正面或是負面，皆由被改名的孩子定奪。

建議良方

▶協助孩子處理人際衝突之四個步驟

當孩子遇到人際衝突時，家長應平伏心情，以冷靜和客觀的態度陪伴孩子進行以下建議之四個步驟（Evans, 2002; Verbeek, et al., 2000）。

✿步驟 1： 處理心情

無容置疑，孩子面對人際衝突時必定會經歷各種情緒。當情緒洶湧而至，實在難以理智分析，繼而解決問題。因此，家長可根據下列之小技巧協助孩子處理心情：

- 識別情緒：關心孩子的心情，引導他們識別及道出自己的情緒，是難過、憤怒、害怕、抑或是委屈等？建議配合情緒溫度計等視覺工具一起使用，使孩子能更容易及準確地表達自我。

- 肯定情緒：重複孩子說出的情緒，讓他們感覺到自己的感受被肯定及明白。

- 調節情緒：採用一些方法，如呼吸練習、倒數、喝冰水等，協助孩子平伏高漲的情緒。

對話內容	小技巧
媽媽：「卓嵐，媽媽留意到你今天較為安靜，如果有事情想分享，媽媽願意聆聽啊！」	識別情緒
卓嵐：「媽媽，同學改我花名，他叫我『矮冬瓜』。」	-
媽媽：「你有什麼感受嗎？」	識別情緒
卓嵐：「我感到不開心及生氣！」	-
媽媽：「媽媽知道你被同學改花名，感到很難受和憤怒。」	肯定情緒
卓嵐：「對啊……我真的好生氣，現在也不能專注做功課了。」	-
媽媽：「不如我們先放下手上的工作，媽媽陪你進行呼吸練習，看看稍後你會否感到舒服一點，你意見如何？」	調節情緒
卓嵐：「好，我試試吧。」	-

表 6：處理情緒小技巧

⚙ 步驟 2： 釐清問題

待孩子的情緒穩定下來後，便可以開始處理事情。建議家長跟孩子回顧衝突的起源及經過，討論背後的動機和用意，從而了解孩子的想法及需要，協助他們釐清問題。然而，小學生的語言能力尚在發展中，有時未能夠清晰及完整的表達其所想，家長或需花心力協助孩子整理、組織及理解事情的前文後理。另外，家長亦能藉此過程評估衝突的嚴重性。若發現事件涉及欺凌或暴力等嚴重行為，家長需作進一步介入。

⚙ 步驟 3： 思考解決方法

家長需要給予孩子足夠時間，並鼓勵孩子思考數個解決方法。請相信孩子有解決困難的能力，盡量避免直接提供解決方法。大人和孩子的思考及社交模式大有不同。大人提出的方法不一定適合孩子的社交情況。長遠來說，這樣會削弱孩子的解難能力。若孩子感到困難或只能想出一個方法，家長可作適度的引導。

例如：「上次你不喜歡同學拿你來開玩笑，你最後是怎樣應對的？你認為今次可採用同樣的方法嗎？」

⚙ 步驟 4: 挑選合適的方法

　　家長宜跟孩子討論及分析各個方法的好與壞和預期的結果，從而挑選最適合的方法。家長宜參考以下的例句來引導孩子深入思考及衡量各個選擇：「這是一個負責任的方法嗎？這樣做公平嗎？這樣做有什麼結果？這樣做會有人受到傷害嗎？這樣做，我和對方會感覺如何？」此外，家長亦可提醒孩子，已揀選的方法未必能完全化解衝突，那時候便要重複以上四個步驟。無論是改花名，還是其他的人際衝突；每次經歷均是孩子學習與成長的機會。家長宜在過程中多陪伴、鼓勵和欣賞孩子的努力、嘗試和勇氣。

參考資料

- Azami, R., Kikutani, M., & Kitamura, H. (2022). Perception of Hidden Confidence in Neutral Expressions: Interactions of Facial Attractiveness, Self-Esteem, and Names to Be Addressed by. *Languages*, 7(2), 88. https://doi.org/10.3390/languages7020088

- Bowles, N., Moreno, B., Psaila, C., & Smith, A. (2009). Nicknames: a qualitative exploration into the effect of nick-names on personal histories. *European Journal for Qualitative Research in Psychotherapy*, (4), 40-47. Retrieved from https://ejqrp.org/index.php/ejqrp/article/view/25

- Bryner, J. (2010). *Good or Bad, Baby Names Have Long-lasting Effects*. Livescience. https://www.livescience.com/6569-good-bad-baby-names-long-lasting-effects.html

- Evans, B. (2002). *You Can't Come to My Birthday Party! Conflict Resolution with Young Children*. High/Scope Press.

- Gebauer, J. E., Riketta, M., Broemer, P., & Maio, G. R. (2008). "How much do you like your name?" An implicit measure of global self-esteem. *Journal of Experimental Social Psychology, 44*(5), 1346-1354.

- Verbeek, P., Hartup, W.W., & Collins, W. A. (2000). Conflict management in children and adolescents. In F. Aureli & F. B. M. de Waal (Eds.), *Natural conflict resolution* (pp. 34-53). University of California Press.

4.3

在充滿比較的世界裏， 如何幫助孩子建立自我？

 **個案分享**

▶ **欠缺自信的美詩**

　　美詩是一位幼稚園高班的小女孩，她有一位大兩歲的姐姐，現在就讀小學二年級。姐姐成績優異，很得父母歡心。父母以她為傲，經常在親戚朋友面前稱讚姐姐，亦會拿美詩和姐姐作比較，經常叮囑美詩要向姐姐好好學習。美詩則是一位缺乏自信，常常做事戰戰兢兢，很擔心自己出錯的小女孩。

　　在學校，媽媽常聽到老師的評語是：「美詩上堂時很安靜，喜歡坐在一角看着小朋友玩耍。當同學邀請美詩玩時，她也會樂意參與，但卻很在意別人對她的評語。」

　　當老師帶領同學進行小組活動時，美詩總是站在後方看着別的同學嘗試。當老師示意美詩也一起參與時，美詩明顯地表現緊張，常常望着老師的眼神指示。她要確認自己是做得正確才肯繼續嘗試，因為她很擔心自己會出錯而被同學嘲笑。而當美詩覺得自己掌握不到或做得不好時，她便會感到不耐煩，從而放棄參與。

▶ 姐妹關係鬧得不和

在家中，美詩亦常與姐姐比較，覺得自己各方面也不及姐姐好，對姐姐感到又愛又恨。縱然一方面很享受和姐姐一起玩耍，但亦很容易因小事而與姐姐爭吵，鬧得不愉快。媽媽對美詩的脾氣和欠缺自信的表現很是擔心；認為這除了影響她的社交外，亦怕影響她的學習動機。

 心理學分析 ·

▶ 為什麼孩子會缺乏自信？

每位孩子與生俱來均擁有獨特的氣質（Temperament），隨着成長、家庭環境、父母管教、與兄弟姊妹或朋輩的互動，塑造成獨特的性格（Moore, 2007）。自尊感是一種對自己的形象、能力和價值的自我判斷。心理學家 Susan Harter（1990；2006）對孩子的自尊感發展作了深入而詳細的研究。她認為兒童會因應家長或親人的期望，內心建構了一個理想的自我形象（Ideal Self-image），認為自己如果能夠做到理想中的模範，便能得到父母的愛和關懷。而當孩子在大部分情況下都能做到理想中的標準，他們的自尊感便會相對較高。相反地，如果孩子的經驗反映他們不能達到這理想形象的要求，久而久之，便會對自己失去信心，並認為自己因為做得不好，所以不能得到父母的愛和關顧（Franco & Levitt, 1988; Rogers, 1961）。

▶ 離自我形象越遠　自尊感則越低

在個案中，美詩可能把姐姐當作她的理想模範，可是每次的經驗好像告訴她，自己不及姐姐的好，就連父母也時常把她和姐姐作比較，令美詩感到壓力和焦慮，時常擔心自己的表現。在這種情緒下處事，當然會力不從心，表現不如理想。在這樣的惡性循環下，美詩難以建立自信。

 **建議良方** ⋯⋯⋯⋯⋯⋯⋯⋯⋯⋯⋯⋯⋯⋯⋯⋯

▶ 培養自信的五個步驟

⚙步驟 1：協助孩子建構成功經驗

要幫助孩子建立自信，認定自己是有能力的，家長便要給予他們多些成功的經驗，以及從錯誤中學習的空間。當孩子還在嬰兒期的時候，父母對孩子所需的即時回應，能令孩子感到安穩，增強他們對外間的信任。這是建立正面的自我概念的第一步。

⚙步驟 2：提供安全的探索空間

到了孩子開始學習爬行，可安排一個合適和安全的環境給他們自由探索，能有效地增強他們的腦部發展，這個時期的孩子經常跌跌碰碰，安全的環境尤其重要。這樣除了保障孩子的安全，還能減

低家長對孩子的過分擔憂，窒礙孩子的探索。孩子在探索過程中學習，並從失敗中站起來繼續嘗試，最終達致成功。這樣能使他們累積成功經驗，亦是幫助他們建立正面自我概念的第二步。

✿步驟3： 以自身作則給孩子模仿

當孩子開始上幼稚園，多了機會與其他小朋友一起學習社交禮儀時，家長切記要以身作則，樹立榜樣給孩子模仿和學習。因為這個階段的孩子開始學習道理和邏輯分析，家長如果對孩子說一套，自己卻做另一套，這會令孩子感到概念模糊，不能明辨之餘，亦產生困惑和矛盾的感覺。

✿步驟4： 適切的情感支援

家長在這個階段切忌否定孩子的感受，因為他們的感受是因應事情的發展，自然而然地產生的，沒有對錯之餘，亦真實地反映孩子的內心世界。家長否定孩子的內心感受，即否定孩子最真實的一面，那麼孩子又怎能夠相信自己呢？

家長宜分清楚孩子的行為和感受；行為是有對錯之分，但感受則沒有。

處景	家長可以說：	家長進一步再說：
家長看到孩子被搶玩具	「我見到你很生氣，是不是有小朋友搶了你的玩具，令你感到很生氣呢？」（家長先反映孩子的感受）	「玩具被人搶了，確實是會令我們生氣，但是我們都不可以傷害其他人呢，不如我們一起想想可以有什麼其他處理方法。」（家長表達明白孩子的感受，但要否定孩子打人的行為）

　　當孩子聽到家長的話，通常待他們冷靜過後，都會想出一些方法去處理問題。家長可以聆聽他們的想法，盡量避免為他們提供處理方案，因為這樣會扼殺他們學習處理問題的機會。我們要接受孩子喜怒哀樂的每一個情感，引導他們用一些能被社會接受的方法去表達。這樣才能讓他們相信自己，勇敢地表達自己。

步驟 5： 給予孩子無條件的愛

　　每位孩子也是獨特的個體，家長要欣賞和接受孩子的獨特性，切忌把他們作比較，令孩子感到難堪。父母無條件的愛和關懷能令孩子建立正面的自我價值。給予孩子「無條件的愛」說來容易，但實踐起來卻是需要相當的智慧。值得注意，當父母對孩子的不當行為作出責備或評價時，要清楚令孩子知道父母責怪的只是那些不當行為，而不是孩子本身。

處景	家長可以說：	家長要避免說：
孩子欠交功課	「欠交功課是一個不負責任的行為，你要好好改善。」	「為何你這樣懶惰㗎？功課又不做，書又讀不好！你真的令人失望！」

　　上述的重點是——家長明確指出孩子的不當行為是非常重要的，因為當孩子知道父母不喜歡的是自己的某些行為，他們是有能力改變的；但如果他們認為父母是不喜歡自己整個人（「你真的令人失望！」），那孩子便會感到無助和難以改變了。

參考資料

- Franco, N., & Levitt, M. (1988). The social ecology of middle childhood: Family support, friendship quality, and self-esteem. *Family Relations: Interdisciplinary Journal of Applied Family Studies,* 47, 315-321.

- Harter, S. (1990). Processes underlying adolescent self-concept formation. In R. Montemayor, G. R. Adams, & T. P. Gullotta (Eds). *From childhood to adolescence: A transitional period?* (pp. 205-239). Sage Publications.

- Harter, S. (2006). Developmental and Individual Difference Perspectives on Self-esteem. In D. Mroczek & T. Little (Eds.), *Handbook of Personality Development* (pp. 311-334). Lawrence Erhaum Associates Publishers.

- Moore, C. (2007). Maternal behavior, infant development, and the question of developmental resources. *Developmental Psychology,* 49, 45-53.

- Rogers. C. R. (1961). *On Becoming a Person*. Houghton Mifflin.

4.4

家長如何協助孩子面對分離?

個案分享

▶不捨幼稚園老師的嘉恩

　　嘉恩是個活潑、乖巧的幼稚園高班生,每天放學回家都會主動跟爸爸媽媽談上學校發生的大小事情,她總會說她最喜愛的老師就是陳老師。自從上了幼稚園,陳老師一直都是嘉恩的班主任,她是一位和藹可親,有耐性的老師,每天除了班主任堂,她在小息時也會花時間關心學生,與他們玩耍。嘉恩很喜歡陳老師,每次上陳老師的課堂都會特別留心、享受。

　　有一天,嘉恩的父母告訴她,她們一家即將會移民到外國,嘉恩需要離開香港,轉到新的學校。對於移民這概念,嘉恩似懂非懂的,縱然爸爸媽媽嘗試解釋因由,但聽到這消息後,嘉恩還是很難過,亦開始擔心即將要離開她熟悉的老師和同學。

▶透過陪伴延長關係

　　當嘉恩返到學校時,她就一直跟隨着陳老師,老師到那裏,她就跟到那裏去,不願意讓老師離開自己的視線範圍。一旦見不到陳

老師，她就哭了起來，嚷着「不要轉校，我要陳老師」。除此之外，陳老師亦留意到她時不時會表示自己肚子痛，希望得到老師和父母的注意和照顧。在家中的時候，嘉恩不但多了因小事而發脾氣，晚上也會走到爸媽的睡房，要求他們陪伴她一起睡。

 心理學分析

分析 I： 幼兒難理解離別這概念

離別本身就是一個複雜的人生課題，因離別而經歷各種情緒和想法，亦是人之常情。成年人也未必能夠輕易處理分離的過程，更何況是年幼的嘉恩呢？相信對於她，會是一個大挑戰。

由於幼兒在認知、情感和社交發展上仍屬較初期的階段，面對離別所帶來的轉變和反應，自然會有一定的限制。

在認知方面，因為幼兒的腦袋尚未成熟掌握邏輯和抽象思維，他們的想法會較為自我中心，傾向從自己的角度出發，較難理解其他人的觀點（Kail & Cavanaugh, 2017）。雖然這是正常的成長過程，但在嘉恩尚未完全明瞭和掌握世界和人際關係的運作方式時，要理解離別，及移民的概念，的確可能會讓她感到困惑和不安。

😊分析 2： 情感依附關係的連結

至於就情感和社交發展上，幼兒正需要依賴與成年人之間的情感連結關係。從嘉恩與陳老師的關係可見，她們似乎建立了一份穩定而正面的情感連結，這不單有助嘉恩建立安全感和滿足她情感需要，亦成為她在幼稚園探索、學習和成長的重要基石。因此，當她要離開熟識的環境和人物，尤其要與她重視的陳老師分離，無疑會擾亂到本來相對穩定的情感依附關係，引發焦慮和不安。

受心智和語言發展所限，孩子一般都未必能夠單靠自己，或透過言語把心中的困擾表達出來。而嘉恩行為上的改變，例如：比平常表現更多渴求，希望得到老師及爸媽的陪伴和關注；情緒上表現難過，變得容易發脾氣和哭鬧；睡眠作息習慣上的倒退，以及身體上異常不適症狀，有機會正是她宣洩焦慮和傷感的表現。

 建議良方

▶協助孩子渡過分離焦慮四大建議

雖然一般分離焦慮反應都是屬於正常成長發展的一部分，但它有時的確可以為家長和孩子帶來一定的困惑和挑戰。家長可以參考以下幾項建議，與孩子一起渡過離別和適應的過程。

🕸 建議 1： 預早準備好好說再見

在可能的情況下，建議家長及早清楚告知孩子即將離別的訊息，簡單清楚地讓他們知道分離的原因，以及逐步告訴孩子之後可能會經歷的情況，為他們一步步作心理準備。

以嘉恩的情況為例，家長可以利用繪本故事書解釋分離的概念，藉以讓嘉恩知道分離是必要的，以及引入解釋分離的原因。給她告知，分離不單止是為了孩子，亦是為了給予大家更多時間和空間；協助嘉恩消化離別的訊息，以及留意和處理分離反應，為離別作好預備。家長亦要留意，有時這個過程有機會需要重複引導和耐心解釋，始終每一位孩子需要消化的時間也不一樣。

🕸 建議 2： 接納離別的情感反應

面對離別，有情緒反應是正常的。家長無需要過度制止孩子的反應，反而可以耐心觀察，嘗試明白他們的心情，接納他們的情緒和行為表現。同時，當孩子出現強烈的情緒反應，家長可以透過適當的肢體接觸，給予他們溫暖的擁抱，輕輕撫摸，慢慢引導孩子說出內心的感受。這樣不但有助安撫孩子，亦能幫助他們學習以安全、適當的方式來表達情緒，培養他們情緒調節的技能。

另外，家長可以讓孩子參與討論。家長可以問嘉恩在見不到陳老師的時候，有什麼可以幫助她感覺安心一點，然後提供一些可行

的方法讓嘉恩選擇。例如：給予一些熟悉的隨身物品，好像毛絨玩具、手帕或是照片，以便她感到一點安慰和安全。

建議 3： 重視離別的儀式感

離別之前，家長可以陪伴孩子一起製作贈別禮物或信物；通過製作的過程，家長可以協助孩子回顧過往與對方相處，紀念關係的一點一滴，引導孩子表達自己的心意和道別，除了可以表達不捨之情，亦不妨表達對對方的欣賞和祝福。

例如，家長可以溫柔問嘉恩與陳老師相處的經驗，鼓勵嘉恩表達對老師的喜愛，以及感謝之情。例如：「嘉恩很喜歡陳老師的課堂，很有趣！」、「嘉恩喜歡陳老師和藹可親的笑容！」、「謝謝老師的照顧和教導！」等等。此外，還可以安排簡單的歡送活動，給予孩子機會，好好道別，讓他們有機會傳遞出內心所感所想；即使是小小的帶有象徵性意義的儀式，亦有助孩子去理解和處理離別的情緒（Eisen & Schaefer, 2005）。

建議 4： 與思念者保持聯繫

離別反應所維持的時間長短因人而異，家長無需急於強迫孩子「停止掛念」。大人和小朋友都需要時間來經歷離別，保持日常生活習慣和適當社交，有助適應新的常態。

另外，家長可以教導孩子與思念者保持聯繫的方法。例如，引

領嘉恩與老師和同學溝通，了解適合雙方的聯繫方式，通過電話、電郵或社交媒體，與對方互相分享生活經歷，表達牽掛，明白即使雙方分隔異地，關係仍是有可能維持的。與此同時，家長也可以與孩子一同想像和計劃新生活的規劃，一步步讓孩子參與預想，以及期待即將的新發展。

參考資料

- Eisen, A. R., & Schaefer, C. E. (2005). *Separation anxiety in children and adolescents: An individualized approach to assessment and treatment.* Guilford Press.

- Kail, R. V., & Cavanaugh, J. (2017). *Human Development: A Life-Span View* (8th edition). Cengage Learning Custom Publishing.

作者名單

▶ **內容統籌：郭倩衡、黃家盈、黃麒錄、甄樂瑤、鍾艷紅**

新雅教育系列

與孩同行：

心理學家教你拆解16個育兒挑戰

作　　者：香港心理學會 輔導心理學部
責任編輯：嚴瓊音
美術設計：郭中文
出　　版：新雅文化事業有限公司
　　　　　香港英皇道499號北角工業大廈18樓
　　　　　電話：（852）2138 7998
　　　　　傳真：（852）2597 4003
　　　　　網址：http：//www.sunya.com.hk
　　　　　電郵：marketing@sunya.com.hk
發　　行：香港聯合書刊物流有限公司
　　　　　香港荃灣德士古道220-248號荃灣工業中心16樓
　　　　　電話：（852）2150 2100
　　　　　傳真：（852）2407 3062
　　　　　電郵：info@suplogistics.com.hk
印　　刷：中華商務彩色印刷有限公司
　　　　　香港新界大埔汀麗路36號
版　　次：二〇二三年七月初版

ISBN：978-962-08-8232-6
© 2023 Sun Ya Publications (HK) Ltd.
18/F, North Point Industrial Building, 499 King's Road, Hong Kong
Published in Hong Kong SAR, China
Printed in China